© **Pierre Arrighi, 2022**

Édition : BoD – Books on Demand, info@bod.fr
Impression : BoD – Books on Demand,
In de Tarpen 42, Norderstedt (Allemagne)
Impression à la demande
 ISBN : 978-2-3224-5268-2
Dépôt légal : novembre 2022 V2

Texto y diseño gráfico: Pierre Arrighi.
Ilustración de la tapa: Ataque de Holanda y despeje de Andrés Mazali. Torneo olímpico de Ámsterdam, primer encuentro de Uruguay y victoria 2 a 0. (Colección Tony Bijkerk)

¿POR QUÉ URUGUAY TIENE CUATRO ESTRELLAS?

Colección **La otra historia del fútbol** número 6

Sumario

ARGUMENTOS 13
¿Por qué es legítimo que la selección uruguaya de fútbol coloque cuatro estrellas en su camiseta? **13**
¿Qué quiere decir que el valor de los títulos es perfectamente equivalente? **15**
¿Cómo se rebate el argumento de los detractores de las dos primeras estrellas uruguayas? **16**

AMATEURISMO 17
¿De dónde sale entonces ese argumento relativo al amateurismo olímpico como ley general obligatoria? **17**
¿Qué se puede decir a aquellos que argumentan que en las reglas generales de los Juegos, las autoridades olímpicas dispusieron, desde 1908, que estaban reservados a los amateurs? **21**
¿Por qué era malo o negativo reservar el campeonato olímpico de fútbol a los amateurs como sucedió en 1908, 1912 y 1920? **24**
¿Por qué razón los campeonatos olímpicos de fútbol fueron reglamentados como amateurs en 1908, 1912 y 1920, contra el interés general del fútbol y sabiendo que en ese momento no existía ningún otro campeonato de convocatoria mundial? **27**

HISTORIA PREVIA 29

¿Entonces, el campeonato olímpico no fue, como se dice, el campeonato sustitutivo, equivalente al campeonato que proyectó Guérin tres años antes? **29**

Sin embargo, es cierto que si los ingleses alineaban a su verdadera selección, su dominación habría sido aplastante **31**

¿Por qué entonces los campeonatos siguientes también fueron reglamentados como amateurs si no se organizaron en Inglaterra ni fueron reglamentados directamente por los ingleses? **31**

¿Hubo pues amateurismo marrón en 1920 en Bélgica? **34**

¿Acaso estas reglamentaciones olímpicas amateurs tienen relación con la resolución votada por el congreso de la FIFA de Cristiania en 1914 que reconocía el campeonato olímpico como campeonato del mundo amateur? **35**

EL MUNDIAL UNIVERSAL DE 1924 37

¿Es posible detallar de qué manera se dio el cambio reglamentario en 1924, cómo fue que se pasó del reglamento amateur al reglamento abierto? **37**

¿Puede decirse que a lo largo de este trabajo preparatorio conceptual, Rimet marginalizó a una FIFA dudosa que él mismo presidía? **39**

¿Cómo se demuestra que el reglamento de 1924 fue un reglamento abierto? **41**

¿Cómo se argumenta que el torneo de Colombes fue el primer campeonato mundial? **43**

¿Cómo se responde en tal caso a la pregunta de quién creó el campeonato del mundo de fútbol? **45**

¿Qué significa el plan propuesto por Rimet el 9 de junio de 1924? **47**

¿Cómo se explica que el libro del Museo de la FIFA afirme que el campeonato del mundo (amateur) fue creado en 1908 por la Football Association inglesa en el marco de los Juegos? **50**

EL MUNDIAL UNIVERSAL DE 1928 52

Hemos visto que 1924 fue el primer campeonato del mundo abierto del fútbol. ¿Qué pasó en 1928? **52**
¿Cuál fue la reacción del bloque amateurista? **54**
¿Cómo se elaboró el reglamento del torneo de fútbol de Ámsterdam y qué características tuvo? **55**
¿En qué aspectos el torneo olímpico de 1928 fue más mundial y más supremo que el de 1924? **57**

SE CONCLUYE 59

¿Cuál es la conclusión? **59**
Volviendo a la pregunta inicial, ¿el relato que acabamos de ver autoriza a que la asociación uruguaya se atribuya cuatro estrellas? **60**

CONTRA LAS ESTRELLAS CELESTES 63

¿Cuáles son los relatos que se oponen a los mundiales supremos olímpicos y de qué manera lo hacen? **63**
¿Puede hacerse una crítica común de estos relatos? **65**
¿La ausencia de los ingleses en los campeonatos puede disminuir el valor de los títulos durante ese largo período inicial? **68**

ACTUALIDAD 69

¿Cómo se relaciona todo esto con lo que pasó recientemente cuando la FIFA quiso sacarle dos estrellas a Uruguay? **69**
¿Cuál fue entonces el problema de fondo? **72**
¿En qué sentido ciertos periodistas uruguayos no supieron defender la posición uruguaya que emana de los informes del pasado? **75**

DIAGRAMAS 81

Cantidad de países participantes en las rondas finales de los campeonatos mundiales supremos del fútbol **81**

Cantidad de continentes representados en las rondas finales de los campeonatos mundiales supremos del fútbol **82**

Cantidad de continentes representados en el cuerpo arbitral de los campeonatos mundiales supremos del fútbol **83**

Cantidad de países que cruzaron el Atlántico para jugar una ronda final de un campeonato mundial supremo del fútbol **84**

Estatuto reglamentario de los campeonatos olímpicos de fútbol entre 1908 y el día de hoy **85**

Objetivos fijados en los sucesivos estatutos de la FIFA en materia de organización de su campeonato **86**

Campeonatos internacionales abiertos de fútbol (1884-1970) **87**

Aprobaciones escritas de las cuatro estrellas celestes por la secretaría general de la FIFA **88**

Niveles de deportividad mundialista en los campeonatos mundiales supremos del fútbol entre 1924 y 1950 **89**

Palmarés completo (mundial y continental) de los seleccionados de fútbol que ganaron campeonatos mundiales **90**

Cronología de las estrellas **91**

Los «errores» de la Football Association inglesa ante el fútbol internacional **92**

Rimet dirigente internacional entre 1914 y 1928: positivo y negativo **93**

¿Da satisfacción la respuesta de la FIFA en tanto es oficial?

Este libro está dedicado a la juventud uruguaya. Para que sepa por qué el equipo nacional de fútbol lleva en su camiseta cuatro estrellas de campeón mundial supremo. Para que pueda manejar con soltura los sólidos argumentos que le brinda la historia en ese sentido.

Para su desarrollo, el autor se apoyó en estudios exhaustivos que se llevaron a cabo entre 2010 y 2021 en los archivos de la Federación Francesa de Fútbol (FFF), de la Federación Internacional de Fútbol Asociación (FIFA), del Centro de Estudios Olímpicos del Comité Olímpico Internacional (COI) y de la Biblioteca Nacional de Francia (BnF). La vasta documentación consultada comprende actas de congresos, reglamentos oficiales, informes y boletines oficiales, prensa deportiva oficial y prensa deportiva en general. Todo esto dio lugar a una serie de libros anteriores cuyos resultados prepararon este trabajo.

Argumentos

¿Por qué es legítimo que la selección uruguaya de fútbol coloque cuatro estrellas en su camiseta?

Como se sabe, las dos primeras estrellas corresponden a los campeonatos olímpicos de 1924 y 1928, y las otras dos a los campeonatos mundiales del fútbol de 1930 y 1950. La legitimidad de las cuatro estrellas se desprende de la siguiente constatación histórica: los cuatro títulos conquistados en esas cuatro oportunidades por el equipo celeste son de valor perfectamente equivalente. Los cuatro campeonatos ganados fueron campeonatos del mundo y los cuatro fueron reglamentados como abiertos a todos los futbolistas. Este último punto es la clave que resuelve el problema.

La Celeste ganó pues cuatro campeonatos mundiales supremos –se dice también «mundiales absolutos», «mundiales universales» o «mundiales abiertos»–, dos en el marco de los Juegos olímpicos, dos en el marco de los campeonatos del mundo convocados por la FIFA a partir de 1930. El cambio de marco no significó, como suelen decir los detractores de las cuatro estrellas, un cambio de valor. Al contrario. El cambio de marco permitió mantener el valor exacto que ya habían adquirido los dos campeonatos olímpicos precedentes a nivel de su universalidad.

Lo que cambió en aquél momento fue el marco olímpico mismo ya que, a partir de 1930 y debido a las decisiones confirmadas por el congreso olímpico de Berlín, la dirección olímpica se arrogó el poder de definir los criterios de admisión de los deportistas y excluyó a todos los que recibían o habían recibido alguna forma de salario deportivo. El presidente Rimet no tuvo entonces más remedio que sacar el campeonato del mundo abierto de los Juegos para mantenerlo en su estado, libre de las trabas del amateurismo que el nuevo marco olímpico imponía.

La idea vehiculada en las historias oficiales, en los relatos populares y en las historias académicas del deporte, es que el cambio de marco del campeonato de fútbol, de olímpico a FIFA, permitió cambiar el valor del título puesto en juego, de amateur a abierto, de reservado a universal, de limitado a absoluto. En realidad, el campeonato olímpico de fútbol, que en 1924 y en 1928 estuvo bajo plenos poderes del muy profesionalista dirigente francés y presidente de la FIFA, Jules Rimet, ya había sido reglamentado como abierto en esas dos ocasiones. Y eso fue posible porque entre 1894 y 1930, el marco olímpico no impuso el amateurismo, manteniéndose en la línea neutra del barón Pierre de Coubertin, su creador.

Para la edición olímpica de 1932 disputada en los Ángeles, un cambio regresivo se impuso definitivamente: los Juegos, anteriormente libres de acceso y reglamentados soberanamente por las direcciones deportivas, pasaron a ser obligatoriamente amateurs, excluyéndose la entrada a los deportistas que recibían o habían recibido salarios. Se instauró una ley internacional olímpica denominada «Código del amateurismo» que se agregó a todos los reglamentos deportivos. El cambio imposibilitó que Rimet mantuviera su campeonato universal en el marco prestigioso de los Juegos, como lo deseaba, y lo obligó a afrontar las grandes complicaciones que implicaba crear el campeonato propio de la FIFA.

Rimet no sacó el campeonato mundial de fútbol de los Juegos de buena gana. Su deseo profundo era mantenerlo como mundial olímpico abierto. Incluso tuvo pensado extenderlo, agregándole eliminatorias continentales «de la FIFA». El proyecto, emitido por primera vez en 1924 después de la final de Colombes, no pudo llevarse a cabo. A partir de 1925, aprovechando la renuncia de Coubertin, los nuevos dirigentes olímpicos intentaron prohibir el campeonato abierto de Rimet. Los representantes del deporte monárquico de Europa se aliaron para impedir la irrupción de los futbolistas proletarios en los Juegos. Se verá entonces en detalle que en ese contexto conflictivo, lo que cambió no fue el valor de los campeonatos de fútbol, que se mantuvo, sino el valor de los Juegos olímpicos en general, que de liberal y respetuoso de la soberanía del deporte, bajó para volverse autoritario y entremetido.

¿Qué quiere decir que el valor de los títulos es perfectamente equivalente?

Como se sabe, quienes cuestionan las cuatro estrellas de la camiseta celeste atacan solo las dos primeras. Su oposición se ha expresado al más alto nivel en los dos libros publicados bajo supervisión de la presidencia de la FIFA: el primer libro bajo Sepp Blatter en 2004, en ocasión de los cien años de la federación, *1904-2004, el siglo del fútbol*; el segundo bajo Gianni Infantino, en 2017, firmado por el Museo de la FIFA de Zurich, *La historia oficial de la Copa del Mundo de la FIFA*.

El argumento que esgrimen estos textos es uno solo y es siempre el mismo. Afirman, sin aportar pruebas, que los campeonatos olímpicos de 1924 y 1928 se reservaron a los amateurs, que por lo tanto fueron excluidos cantidad de buenos futbolistas no amateurs y profesionales, y que en consecuencia no fueron campeonatos supremos, campeonatos verdaderos entre los mejores, o como dicen ciertos historiadores franceses, «campeonatos universales». Los relatos mencionados no niegan que aquellos campeonatos olímpicos puedan ser considerados como campeonatos del mundo, pero siempre y cuando se estipule que fueron «campeonatos del mundo amateurs», no susceptibles de coronar al vencedor con el título supremo de mejor seleccionado del mundo.

Como según los autores de estos relatos –redactores privados, contratados por las presidencias–, desde la creación de los Juegos se aceptó exclusivamente la inscripción de los deportistas amateurs y se organizaron exclusivamente campeonatos amateurs, solo pudieron participar legalmente futbolistas amateurs, cada vez menos representativos del alto nivel a medida que el profesionalismo progresaba. Así, los torneos olímpicos disputados en 1908, 1912, 1920, 1924 y 1928 fueron cada vez más campeonatos entre selecciones de reserva.

Siempre según estos relatos, hay que concluir que los campeonatos olímpicos de 1924 y 1928 fueron de valor inferior a los campeonatos mundiales iniciados en Montevideo en 1930. Dicho de otra manera, que las «Copas del Mundo de la FIFA» son superiores porque abiertas a todos los futbolistas, amateurs, no amateurs y profesionales.

El problema es que el punto de partida no funciona. Se origina en una leyenda vieja, según la cual los Juegos fueron amateurs desde el comienzo por ley internacional del Comité Olímpico Internacional. Aunque fue desmentida muchas veces por el propio Pierre de Coubertin, inventor de los Juegos olímpicos modernos y líder del movimiento entre 1894 y 1925, esta leyenda se mantiene intacta incluso en los medios académicos especializados.

¿Cómo se rebate el argumento de los detractores de las dos primeras estrellas uruguayas?

Lo interesante del argumento de los detractores de las estrellas uruguayas es que reduce el problema a un solo punto, el de la jerarquía reglamentaria entre los títulos. Y eso tiende a simplificar enormemente el debate. Si el campeonato es amateur –nos dicen con razón– es inferior; si es abierto, es superior. Pero agregan equivocándose: Uruguay ganó dos campeonatos inferiores, que no dan lugar a estrellas, y dos superiores que sí se las merecen.

Debería bastar entonces el restablecimiento de la verdad histórica sobre este único punto para ver rebatido el único argumento desfavorable y evidenciado lo que vendría a ser el argumento favorable principal: la equivalencia de valor entre los cuatro títulos.

Y esa verdad histórica fundamental se restablece así. Hasta 1928 inclusive, los «criterios de admisión» de los deportistas en los Juegos olímpicos fueron prerrogativa exclusiva de los poderes propiamente deportivos que los definieron en sus propios reglamentos sin restricciones olímpicas de ningún tipo. Los reglamentos de los campeonatos olímpicos de fútbol, que incluían los mencionados «criterios de admisión» de los futbolistas, fueron prerrogativa exclusiva de los poderes propiamente futbolísticos hasta la olimpiada de 1928 en Ámsterdam inclusive. No puede decirse entonces que la dirección olímpica impuso el amateurismo desde el restablecimiento de los Juegos en 1894 porque eso no corresponde a la realidad de ese período sino a la del período posterior. Y fue justamente porque posteriormente los Juegos se volvieron amateurs por dictado olímpico que Rimet decidió sacar su campeonato para mantener su calidad.

Solo queda entonces una posibilidad si se pretende inferiorizar los títulos olímpicos celestes: argumentar que los reglamentos establecidos entonces libremente por los poderes del fútbol, en 1924 y 1928, fueron amateurs. Pero tampoco sería cierto. Los reglamentos dispuestos por los poderes del fútbol fueron efectivamente amateurs en 1908, 1912 y 1920, pero en 1924 y 1928, bajo el liderazgo de Rimet, fueron totalmente abiertos. Y bajo reglamento abierto, los campeonatos olímpicos de 1924 y 1928 fueron pues plenamente universales, perfectamente supremos.

Amateurismo

¿De dónde sale entonces ese argumento relativo al amateurismo olímpico como ley general obligatoria?

Sale de una confusión deliberada que simplifica la historia en el mal sentido, confunde las épocas, oculta los cambios, y que finalmente –de ahí su persistencia– conviene como base de un relato oficial identificador tanto al Comité Olímpico Internacional, que puede jactarse de la constancia noble de su amateurismo, como a la FIFA, que puede destacar la superioridad de su universalismo popular, y sobre todo, el hecho de haber inventado en 1930, sola y en su propio marco, el verdadero campeonato universal, la Copa del Mundo, superior a todos los campeonatos olímpicos anteriores. Las estrellas uruguayas chocan pues contra dos poderosos esquemas.

La historia deportiva no fue nunca una piedra inamovible. Sobre todo durante la época pionera, los cambios fueron permanentes, a menudo radicales de un año a otro. Y durante el período que nos interesa se dieron dos cambios fundamentales que hay que considerar necesariamente si se quiere entender la historia.

El primer cambio tiene que ver con la definición del poder legislativo capaz de establecer la ley internacional fundamental, es decir, los «criterios de admisión» de los deportistas. Cuando Coubertin creó los Juegos olímpicos modernos, dispuso con los dos otros comisarios fundadores, un principio fundamental: el movimiento olímpico no establecerá ninguna ley internacional, y sobre todo, no definirá las «condiciones de admisión» de los atletas. Se limitará a organizar los Juegos y a emitir «puntos de vista», «votos» o «reglas generales» sobre los temas que se le someterán, pero no leyes internacionales efectivas.

Esto tuvo dos consecuencias mayores: uno, los reglamentos deportivos y los «criterios de admisión» fueron de entrada prerrogativa exclusiva de los poderes deportivos de cada disciplina; dos, no fueron generales sino propios a cada disciplina. Dichos poderes deportivos fijaron la denominada «ley internacional de admisiones» con total libertad desde la olimpiada de Atenas de 1896. Y los principios legislativos de Coubertin fueron perpetuados por los reglamentos de los sucesivos congresos olímpicos hasta 1930, con una interrupción inoperante entre 1925 y 1927.

De 1896 a 1920, los poderes deportivos fueron ejercidos por las asociaciones nacionales sede, y a partir de 1924, por una dupla, la asociación nacional sede más la federación internacional de la disciplina. El reparto exacto de poderes dentro de la dupla fue arreglado entre las dos partes. Las decisiones adoptadas fueron consensuales por definición, acatadas y aplicadas por el tribunal de reclamos de la federación internacional.

El marco liberal, típico del período de Coubertin, permitió que las autoridades futbolísticas reglamentaran libremente las «condiciones de admisión» a sus campeonatos, que definieran campeonatos abiertos a todos o reservados a los amateurs. En 1925, el Congreso Olímpico Técnico reunido en Praga intentó liquidar el marco liberal. Se arrogó primero el poder de imponer «criterios generales de admisión» poniendo fin a la «era de los puntos de vista», también llamada «era de los votos» o «era de las reglas generales». Votó luego una ley internacional obligatoria para todas las disciplinas denominada Código del amateurismo. Por primera vez en la historia de los Juegos se impuso la exclusión de los deportistas que recibían o habían recibido salarios o jornales ya sea como profesionales o como amateurs compensados, y eso en cualquier sector del deporte.

Esta reforma, que violaba la soberanía de las direcciones deportivas y quebraba el desarrollo del deporte popular, chocó con las oposiciones radicales de la federación internacional de tenis y de la FIFA. El tenis se fue de los Juegos en 1926 replegándose en sus dos otros mundiales: Wimbledon y el US Open. El fútbol, liderado por Rimet, encaró una pulseada contra la nueva presidencia olímpica ejercida por el conde belga, Henri de Baillet-Latour. En agosto de 1927, Baillet-Latour dio marcha atrás. El Código del amateurismo fue anulado hasta nueva orden. La olimpiada de 1928 organizada en Ámsterdam volvió a ser liberal –de hecho para todos los deportes– y el reglamento del fútbol, única ley internacional efectiva, abierto y sin restricciones.

Al término de la olimpiada de Ámsterdam, quedó claro que el congreso olímpico que volvería a reunirse en Berlín dos años más tarde ratificaría el Código de Praga, esta vez de modo definitivo. Y si la FIFA se rebelaba de nuevo, sería excluida de los Juegos. Así, en 1930, el marco olímpico cambió definitivamente su naturaleza: había sido liberal de 1894 a 1928, con un breve paréntesis inoperante entre 1925 y 1927; era ahora amateur, contra el deporte popular asalariado. Ese cambio, de abierto a reservado, condujo, como ya se ha señalado, a que la presidencia de la FIFA sacara el campeonato del mundo de fútbol de los Juegos, y eso justamente con el objetivo de mantenerlo en su estado anterior, como campeonato abierto, popular y soberano.

El otro cambio tiene que ver con los reglamentos establecidos a lo largo de los Juegos por el fútbol mismo. Y aquí se toca otro gran asunto que se oculta y que es indispensable desentrañar si se quiere entender la historia y la importancia de las dos primeras estrellas celestes.

Entre 1896 y 1928 se jugaron en el marco olímpico cinco campeonatos de fútbol de corte internacional, es decir, entre selecciones nacionales, con carácter verdaderamente olímpico: en 1908 en Londres, en 1912 en Estocolmo, en 1920 en Amberes (Bélgica), en 1924 en París y en 1928 en Ámsterdam. Los campeonatos olímpicos anteriores a 1908 se habían limitado a encuentros entre equipos de clubes o entre selecciones poco estructuradas. Por ese motivo, no son a considerar en este análisis.

Los campeonatos internacionales olímpicos de fútbol fueron reglamentados por la Football Association inglesa en 1908, por la Asociación Sueca de Fútbol en 1912, por la Real Asociación Belga de Fútbol en 1920, por la Federación Francesa de Fútbol Asociación y la FIFA en 1924, por la FIFA sola en 1928. Como lo certifican los reglamentos que fueron publicados en los informes y en los boletines oficiales, las ediciones de 1908, 1912 y 1920 fueron reservadas exclusivamente a los amateurs, las de 1924 y 1928 fueron totalmente abiertas.

Se dieron pues cambios fundamentales y cruces contradictorios. En plena era olímpica liberal, las asociaciones de fútbol, actuando por su propia cuenta, sin ninguna obligación olímpica, amateurizaron tres veces el campeonato de fútbol para abrirlo después dos veces a todos los futbolistas. Esta apertura llevó a que la nueva dirección olímpica, liderada por comités olímpicos monárquicos de Bélgica, Holanda, Suecia y Gran Bretaña, buscara cortar la entrada al deporte popular asalariado imponiendo el amateurismo. Y después de tres años de lucha entre la FIFA y el Comité Olímpico Internacional, después de una primera victoria de la FIFA en 1928, la nueva dirección olímpica logró imponer su regresión.

Esto nos está indicando algo muy importante: el campeonato olímpico de fútbol de 1924 fue el primero con reglamento abierto, y el de 1928 el segundo. Y también que estos dos campeonatos olímpicos de fútbol fueron hasta el día de hoy los dos únicos campeonatos de fútbol abiertos disputados en el marco de los Juegos. Todos los anteriores fueron amateurs y todos los posteriores padecieron diversas restricciones: exclusión de los jugadores no amateurs, exclusión de los integrantes de las selecciones A, exclusión de los mayores de 23 años.

Otra conclusión importante que se desprende de lo antedicho: solo Uruguay puede reivindicar títulos olímpicos supremos, de valor equivalente a cualquier campeonato mundial supremo, merecedores de una estrella. Los demás vencedores obtuvieron títulos olímpicos, sí, pero de valor inferior.

¿Qué se puede decir a aquellos que argumentan que en las reglas generales de los Juegos, las autoridades olímpicas dispusieron, desde 1908, que estaban reservados a los amateurs?

Este es un punto crucial.

En 1908, los ingleses organizaron en Londres la cuarta olimpiada. El Comité Olímpico Británico redactó entonces el informe oficial final estructurando el documento con un nuevo ordenamiento y presentando la parte reglamentaria en un capítulo especial. Así, en el capítulo 2 figuraron las «General Regulations» y en el 9 el «Code of Rules».

Esta nueva disposición redaccional, con títulos que pueden parecer confusos hoy pero que en su época estaban claros, no marcó ningún cambio fundamental. Las «General Regulations» o reglas generales no eran otra cosa que los «puntos de vista» o «votos» sin valor de ley internacional que el congreso olímpico venía emitiendo desde 1894 y que reiteraban la sugerencia de una reserva a los amateurs de los concursos propiamente atléticos (carreras, saltos y lanzamientos). En cuanto al «Code of Rules», presentaba los verdaderos reglamentos o leyes internacionales con los criterios de admisión establecidos por los dirigentes deportivos.

Corresponde destacar que, contrariamente a la impresión de solidez que puede dar, la parte «General regulations» no presentaba ninguna definición del término «amateur». Eso quiere decir que, lejos de dar efectividad a estos votos, el Comité Olímpico Británico los privó de significado. Las eventuales sugerencias que el congreso olímpico pudo expresar perdieron todo significado. Dicho de otra manera, en 1908, bajo el título fuerte de «reglas generales», el Comité Olímpico Británico privó al congreso olímpico de su derecho a sugerir una definición general del amateur. Este vaciamiento afirmó entonces el poder legislativo absoluto de instancias profesionalistas intocables como el Jockey Club y el Yacht Club.

La clarificación de estos asuntos se encuentra tanto en el reglamento fundador de los Juegos –que figura en la invitación enviada a las sociedades deportivas del mundo entero en 1893– como en las repetidas declaraciones de Pierre de Coubertin a la prensa hasta poco antes de su desaparición en 1937. Desde el congreso fundador de 1894, el movimiento olímpico acostumbró a emitir puntos de vista o votos sin valor de ley, y uno de ellos, que facilitaba la relación del movimiento con los políticos, fue el voto puramente declarativo en favor del deporte amateur. Ese voto no tuvo valor efectivo desde el comienzo porque fue una sugerencia que los deportes podían seguir o no. Y a partir de 1908, sin el acompañamiento de una definición del término «amateur», ya no quiso decir nada.

Es que aquella época, el término «amateur» podía significar las cosas más diversas y sin relación con el deporte pago. Era sinónimo de *gentleman* para la equitación, de deportista afiliado a un club para la vela, de nobleza deportiva y respeto de los reglamentos deportivos para Coubertin, de amor al arte para otros. Y cuando en 1924, al salir de la reunión del Comité Internacional al término de la olimpiada, Coubertin declaró: «los delegados británicos quieren vernos tratar de nuevo el viejo tema del amateurismo» considerado en el sentido salarial del término, comentó que ese punto de vista había caducado «desde hace veinte años».

Veinte años atrás, es decir, desde 1904, diez años después de la creación de los Juegos, en el momento en que se fundó la FIFA. «La momia del amateurismo», decía entonces el Barón. Y declaraba a la prensa: «El amateurismo en los Juegos nunca existió y nunca fue mencionado en el juramento que yo redacté». Para Coubertin, volver al amateurismo como lo pretendieron los británicos en 1924, era reservar el deporte a los millonarios, y cuando avizoró la regresión que se planeaba, se convirtió en su principal opositor.

La prueba más clara de que durante la era de Coubertin la dirección olímpica se limitó «a emitir puntos de vista que las direcciones deportivas podían seguir o no», fue lo que sucedió en 1925, en el Congreso Olímpico Técnico de Praga. Los mismos delegados suecos, belgas y británicos que se aprestaban a imponer el Código amateur reconocieron ante la asamblea que en el estado actual de los reglamentos, hacer eso, es decir, establecer la ley internacional, no era legal. Para legalizar la aprobación del Código amateur e imponerlo a todos como ley internacional, era indispensable previamente hacer votar por el congreso su propio derecho a legislar.

Esa fue la contrarreforma clave: en 1925, el congreso olímpico, que hasta entonces se había limitado a emitir «votos», «puntos de vista» o «reglas generales» lo que es lo mismo, se atribuyó por voto mayoritario el derecho a fijar la ley internacional del amateurismo obligatorio. Intentó convertirse entonces, por primera vez en la historia de los Juegos, en poder legislativo. Y si lo hizo entonces es porque antes no lo era.

En 1925 pues, el Congreso Olímpico Técnico de Praga aprobó por mayoría su derecho a imponer los criterios reglamentarios de admisión a las federaciones internacionales, y sobre esa base, pudo imponer legalmente «la momia del amateurismo» «caduca desde hace veinte años» al mundo deportivo. Los Juegos entraron entonces en una larga fase de decadencia contra al deporte popular, saturada por la corrupción autoritaria y por un amateurismo marrón tan masivo como justificado.

¿Por qué era malo o negativo reservar el campeonato olímpico de fútbol a los amateurs como sucedió en 1908, 1912 y 1920?

No es que fuera «malo». No se trata de un asunto moral. El amateur no es mejor ni peor que el profesional, y el amateurismo puede ser tan manipulador y nefasto como la perversión financiera del deporte. De lo que se trata es de considerar la historia del desarrollo del fútbol y esa historia muestra que el fútbol es profesional casi desde el principio y que, obviamente, los jugadores que se hacen pagar suelen ser los mejores. En ese contexto, los campeonatos que los excluyen no pueden ser supremos.

El origen del profesionalismo se sitúa en Inglaterra en 1870. Las leyes del juego se finalizan en 1902, con el dibujo de las áreas, el punto penal y una sanción a la altura contra el *hand* dentro del área. El profesionalismo se difunde, llega a Escocia, y adopta en el medio obrero todo tipo de formas: reparto de recaudaciones, empleos ficticios, premios, empleos industriales, etcétera. En 1885, Londres reglamenta un profesionalismo acabado, con oficio de futbolista, salarios semanales y un dispositivo clave que marca la instauración de un mercado cerrado y controlado: el «sistema de pases». Los escoceses hacen lo mismo en 1890, y los siguen muy pronto los campeonatos nacionales de Irlanda y Gales.

A fines del siglo diecinueve, en todo el Reino Unido, el fútbol nacional se encuentra dividido en ligas profesionales y ligas amateurs. Esta división no es totalmente impermeable. En los clubes profesionales juegan amateurs que suelen ser accionarios de los clubes, y los jugadores profesionales pueden ser recalificados como amateurs.

Como se ha dicho, además del profesionalismo registrado con pago de salarios a los futbolistas contratados por los clubes, pululan otros sistemas de profesionalismo avanzado como el profesionalismo industrial, el profesionalismo de empleado, el accionariado, el reparto autogestionario. Importantes empresas industriales crean sus clubes y contratan a los jugadores como técnicos o empleados. Los clubes que no quieren pagar impuestos a la Football Association se denominan «amateurs» y practican el reparto directo de las recaudaciones. El hecho es que a partir del instante en que se cobra entrada y que las tribunas empiezan a llenarse, el dinero recaudado tiene que ir a alguna parte, y esa parte puede ser el reparto democrático, pero también una caja que permite contratar a los mejores jugadores de la zona, los cracks, los maestros.

En 1884, las cuatro asociaciones nacionales del Reino Unido crean los internacionales británicos, el British Home Championship. Y no dudan un segundo: las selecciones que se van a presentarse tienen que ser las mejores, es decir que tienen que incluir a los mejores jugadores, profesionales, semiprofesionales o amateurs. El campeonato anual internacional se crea entonces y se mantiene durante los cien años de su existencia como un «abierto», con un reglamento que no menciona siquiera la existencia de categorías, que las ignora deliberadamente. Así, a partir de 1884, en la cuna del fútbol, se establece lo que puede designarse como una estructura modelo: separación de los futbolistas en categorías a nivel nacional; ignorancia deliberada de las categorías a nivel internacional.

Estas opciones se explican muy fácilmente con un poco de sentido común. A nivel nacional se hace indispensable ordenar el mercado de los jugadores y proteger los planteles de los clubes por lo menos durante una o dos temporadas. A nivel internacional, ni la protección ni la regulación son necesarias. Los seleccionados se componen sobre la base del criterio de nacionalidad y ese criterio basta para protegerlos.

El concepto mismo de selección nacional supone que se eligen los mejores de la nación. Y como el fútbol nacional tiene dos partes, la amateur y la profesional, hay que poder escoger a los mejores del conjunto para obtener el mejor resultado que exprese y represente a la totalidad «de la nación», no a una parte de la nación. La regla olímpica 11, establecida en 1894, no decía otra cosa: los países estaban invitados a organizar eliminatorias con el objetivo de enviar a los Juegos a los «verdaderos» campeones de su disciplina, sin consideración de su estatuto.

El profesionalismo futbolístico sigue su desarrollo imparable por el mundo entero. En 1897 la Federación de Sociedades Atléticas de Francia

(FSAF) crea el primer campeonato profesional que dura hasta 1924. Los primeros años del siglo veinte conocen una primera ola de profesionalismo internacional con jugadores que circulan por toda Europa. En la costa atlántica de los Estados Unidos, desde comienzos del siglo veinte, se multiplican los clubes profesionales y semiprofesionales financiados por grandes grupos de la industria textil, eléctrica, naval, mecánica, etcétera, y surgen dos campeonatos semiprofesionales paralelos con jugadores que reciben muy buenos jornales.

En 1915, en el Cono Sur americano, las asociaciones legalizan el profesionalismo de empleado y fijan un sistema de pases protector de los clubes chicos, que es el inicio de un código laboral particular. Los clubes pueden entonces asalariar a todos sus jugadores y mantenerlos en su seno como si fueran su propiedad. En 1916 se crea la Copa América sudamericana que sigue el modelo británico del abierto. Se evita así la instrumentalización del amateurismo a fines de cisma, un método típicamente inglés aplicado con constancia por los dirigentes bonaerenses.

Por esos años, entre 1913 y 1920, los clubes más ambiciosos en Francia, Suiza, Italia, España, y sobre todo, en los países de Europa Central, Hungría, Austria y Checoslovaquia, generalizan el asalariamiento. En 1919 se organiza en el marco de los Juegos interaliados un primer campeonato de corte intercontinental en el que juegan seis equipos de Europa más Canadá y Estados Unidos. El reglamento indica: «el tema del amateur/profesional será ignorado». Los jugadores de los equipos finalistas, Francia y Checoslovaquia, son casi todos profesionales. En 1921, en la costa atlántica de los Estados Unidos, la asociación nacional afiliada a la FIFA crea la American Soccer League profesional, que ofrece elevados salarios. Muchos futbolistas ingleses y escoceses viajan a América, y unos años después son los húngaros y los checos que cruzan el océano.

En 1922 los franceses y los italianos reglamentan la categoría de los no amateurs que son en realidad profesionales que reciben salario pero que tienen contrato de empleado. En 1924 y 1925 surgen ligas profesionales en los países centrales, y en 1926-1927 ocurre lo mismo en Italia y en España.

Todo esto lleva a una sola conclusión: desde los comienzos del fútbol, todo campeonato internacional reservado a los amateurs deja de ser un campeonato supremo entre los mejores y carece por lo tanto de valor claro y significativo. Y a medida que va pasando el tiempo y que la masa de los profesionales va dominando las primeras divisiones y luego las segundas, los campeonatos amateurs se van devaluando más y más. En 1920, un campeonato internacional de fútbol amateur era de segunda división. En 1928, era de tercera.

¿Por qué razón los campeonatos olímpicos de fútbol fueron reglamentados como amateurs en 1908, 1912 y 1920, contra el interés general del fútbol y sabiendo que en ese momento no existía ningún otro campeonato de convocatoria mundial?

La amateurización de los primeros campeonatos olímpicos internacionales resulta tanto más incomprensible que en 1905, la FIFA, bajo la dirección de su fundador, el francés Robert Guérin, proyectó un campeonato de Europa completamente abierto, cuyo reglamento ignoraba deliberadamente el tema del amateur/profesional, y que para afirmar bien esa línea, integraba como Grupo eliminatorio 1 a las «Islas Británicas», es decir al muy abierto British Home Championship. Agréguese a esto que fueron los ingleses, partidarios para sí mismos del campeonato internacional abierto, los que organizaron el primer campeonato olímpico en Londres en 1908 y lo reglamentaron como amateur por voluntad propia.

La explicación la insinúa el propio Guérin en el artículo que escribió para los 25 años de la FIFA, publicado en el informe de 1929 bajo el título «La FIFA y el error de Inglaterra». El dirigente francés afirma que la Football Association inglesa se opuso al desarrollo de la FIFA y que esta se desarrolló igual «sin el concurso activo de Inglaterra». En 1912, en el congreso de la FIFA de Estocolmo, los delegados alemanes denunciaron el «muro inglés» contra el cual chocaba toda iniciativa continental.

El campeonato de Europa propuesto por Guérin y aprobado en mayo de 1905 por las ocho asociaciones continentales que componían la FIFA, fue abandonado definitivamente a fines de octubre. ¿Qué pasó? Los boletines publicados por la dirección internacional permiten reconstituir los hechos. Los belgas, que controlaban la secretaría de la FIFA y actuaban bajo consejo de la Football Association inglesa, bloquearon las inscripciones iniciando un movimiento de boicot. Siguieron las asociaciones monárquicas del Continente –Dinamarca, Holanda y Suecia– que difundieron el siguiente mensaje: los ingleses se afiliarán a la FIFA solo si se abandona el campeonato. Una tras otra, las asociaciones se acobardaron y el 2 de noviembre de 1905, después de abrir en vano nuevas inscripciones en los locales de la USFSA parisina, Guérin se fue de la FIFA.

El sabotaje del campeonato de Europa propuesto por aquella FIFA francesa deportiva resultó de la convergencia de dos estrategias: para las asociaciones amateuristas del Continente, se trataba de impedir la mezcla de sus jugadores con los profesionales franceses, ingleses y escoceses; para los ingleses, el objetivo era impedir la absorción del British Home Championship, su gallina de los huevos de oro, por un campeonato mayor en manos de los franceses. Así, intereses ideológicos y financieros se ligaron contra el desarrollo del fútbol europeo.

En 1905, el Comité Olímpico Internacional atribuyó la olimpiada de 1908 a Roma. Pero en 1906, la erupción destructora del Vesuvio llevó a que el gobierno italiano renunciara. Coubertin intercedió entonces y propuso la olimpiada a Londres. Londres había rechazado el ofrecimiento de organizar la primera edición olímpica en 1896. Pero esta vez aceptó viendo el provecho que se podría sacar si se lograba frenar la aplastante dominación del atletismo estadounidense manipulando los reglamentos.

En 1907, el Comité Olímpico Británico solicitó a las asociaciones deportivas de Inglaterra para la organización y reglamentación de sus pruebas olímpicas. La propuesta llegó a Frederick Wall, que era secretario general de la Football Association y único representante del fútbol del Reino Unido en el seno del Comité Olímpico Británico.

La Football Association no tenía la menor gana de organizar un campeonato internacional de fútbol con los continentales. Sus dirigentes no se tomaron siquiera el trabajo de pasar la información a las tres otras asociaciones británicas, que viéndose marginalizadas, protestaron en la sesión de la International Association Board de 1909. Tampoco hicieron la más mínima propaganda de modo que, en un estadio con capacidad para 50 mil personas, la final entre Dinamarca y una selección británica de reserva, compuesta exclusivamente con jugadores ingleses, reunió apenas a 8 mil espectadores. Tres meses antes, para el encuentro entre las verdaderas selecciones de Escocia e Inglaterra se habían vendido 120 mil entradas.

Es que la Football Association reglamentó el campeonato como amateur, y para dejar bien clara la rebaja de la prueba con respecto al nivel superior del British Home Championship, creó una selección facticia, con supuestos amateurs y profesionales de segunda categoría, puntualmente recalificados, que no podía atraer al público inglés. El resultado de esa farsa fue que se presentaron solo cuatro equipos continentales que fueron pésimamente recibidos, y que el gran campeonato de Europa abierto que se proponía la FIFA inicial quedó entonces reducido a un campeonatito de reservas con la etiqueta bien grande de la rebaja amateur.

Historia previa

¿Entonces, el campeonato olímpico no fue, como se dice, el campeonato sustitutivo, equivalente al campeonato que proyectó Guérin tres años antes?

Fue un entierro de lujo, un entierro irónico, una burla de larga duración, el boceto de una estrategia que se mantendría durante años. Fue, para decirlo precisamente, la manera que encontraron los dirigentes ingleses para estructurar el fútbol internacional europeo en dos niveles: el nivel superior, británico, profesional; el nivel inferior, olímpico, amateur.

No fue, como dicen algunos, una solución elegante de los ingleses destinada a atenuar la diferencia de nivel de juego entre ellos y los continentales. Fue antes que nada la manera de impedir que la FIFA continental, esa organización que los ingleses rechazaban y que les resultó molesta desde los primeros contactos intentados por los dirigentes holandeses y franceses, se desarrollara deportiva y materialmente.

Es que la FIFA fue totalmente apartada de la administración del campeonato olímpico. Todo quedó en manos inglesas. El reglamento fue estrictamente inglés y el arbitraje lo mismo. El canal olímpico presentaba otra ventaja para los ingleses: a diferencia del proyecto autónomo de Guérin que iba a aportar un porcentaje de la venta de entradas a la FIFA, el torneo de los Juegos no permitía recaudar fondos.

Importa dejar claro dos puntos que suelen ocultarse. El reglamento redactado entonces por la Football Association apuntó primero a cerrar el acceso del torneo a los peligrosos profesionales escoceses. Pero prohibía además la inscripción de todo amateur impuro, que hubiera cobrado algo más que lo estrictamente necesario en materia de hotel y de transporte. Una comida, un traje, la compra por el club de los zapatos de fútbol, un premio ocasional, un jornal extra bastaban para incriminar una falta. Así, buena parte del fútbol continental europeo, y no solamente los profesionales franceses e italianos que cobraban premios o jornales, quedó en principio afuera.

A esto hay que agregar el tema del valor en sí. Un reglamento es un hecho objetivo, y si el reglamento es estrictamente amateur, el campeonato también lo es aunque jueguen ilegalmente no amateurs y profesionales. Los mismos ingleses lo subrayaban: esto no es un campeonato verdadero porque no juegan los mejores, los profesionales ingleses; y no juegan porque el reglamento no los deja. Fue pues una maniobra perfectamente cerrada sobre sí misma. Los ingleses se presentaron como víctimas de una acción pensada contra la FIFA y contra el fútbol del Continente.

Sin embargo, es cierto que si los ingleses alineaban a su verdadera selección, su dominación habría sido aplastante.

Si jugaban los escoceses, nada garantizaba la victoria inglesa.

Y si los irlandeses y galeses jugaban anualmente contra estos equipos, ¿por qué no Francia, Hungría o Dinamarca? Los dirigentes continentales sabían que los ingleses jugaban mucho mejor. Pero por eso mismo buscaban enfrentarlos, para desarrollarse técnica y tácticamente lo más rápido posible. Y era eso lo que los ingleses no querían: que los continentales desarrollaran su fútbol, y sobre todo, que entendieran que para avanzar debían acelerar el proceso de profesionalización.

Detrás de esto, estaba el rechazo de Inglaterra hacia la FIFA. El desarrollo de la FIFA amenazaba con quebrar el monopolio que la Football Association inglesa pretendía ejercer sobre la totalidad del mundo del fútbol, no solamente en Europa, sino también en América del Norte, del Sur, en Australia, Nueva Zelanda, Malasia, Malta, etcétera. Lo que se vislumbró entonces fue una lucha entre la visión imperialista de los ingleses, aristocrática y monárquica, que buscaba dominar, tutelar, frenar, y la visión universalista de los franceses, favorable al desarrollo del deporte popular, a la mezcla de clases sociales y a la igualdad entre las asociaciones nacionales. Esa lucha entre deporte aristocrático (clasista) y deporte popular (multiclasista) dominó la historia del deporte europeo y del fútbol en particular, por lo menos hasta la Segunda Guerra Mundial.

¿Por qué entonces los campeonatos siguientes también fueron reglamentados como amateurs si no se organizaron en Inglaterra ni fueron reglamentados directamente por los ingleses?

Para liquidar la Copa de Europa abierta de Guérin, la Football Association se apoyó en las asociaciones amateuristas del Continente, y en primer lugar, en la presidencia de la asociación belga que estaba en manos del muy anglófilo magnate minero, Édouard De Laveley. Este señor operaba como un verdadero agente inglés en el Continente, y su acción nociva perduró hasta que en 1920 las asociaciones británicas se fueron de la FIFA y la federación internacional volvió a manos francesas.

El bloque de asociaciones monárquicas amateuristas se constituyó en 1906 y se consolidó a partir de 1910. Lo formaban Bélgica, Holanda, Dinamarca, Noruega y Suecia, bajo tutela de la poderosa Inglaterra. Se le sumaban las tres otras asociaciones británicas, y en la periferia, Alemania y Suiza. Algunas de estas asociaciones desarrollaban una política interna dura contra los profesionales excluyéndolos de la selección nacional.

La quinta olimpiada fue concedida a la ciudad de Estocolmo El Comité Olímpico Sueco, que era anti-fútbol, quiso borrar a esta disciplina del programa de sus Juegos. Ciertas asociaciones continentales –no Inglaterra, no la presidencia inglesa de la FIFA– se rebelaron. Y Coubertin, que debía proteger el programa olímpico con el fútbol como prueba obligatoria, actuó decisivamente. Finalmente los suecos cedieron pero imponiendo a cambio un reglamento mucho más drástico que el de los ingleses en 1908. Es que para la Football Association el amateurismo era una maniobra de oportunidad destinada a rebajar el fútbol continental mientras que para los suecos era una obligación política, una ideología de corte policial. Así por ejemplo, el reglamento sueco se opuso a la participación de jugadores que hubieran ejercido cualquier oficio en un medio deportivo o vendido sus trofeos en un remate.

Dice el informe oficial de la olimpiada de 1912 que el reglamento del fútbol fue aprobado por la presidencia inglesa de la FIFA. Es muy posible porque lo que se constata es que el presidente Daniel Woolfall no lo evocó en el congreso de la federación internacional ni emitió jamás la más mínima crítica. Lo grave fue entonces que, a cambio del apoyo de la Football Association, los suecos aceptaron la presencia de profesionales británicos conocidos que se anotaron sin problema alguno como amateurs.

El campeonato olímpico de 1912 fue reglamentariamente más rebajado que el de 1908, por la naturaleza radical de su texto y también por el hecho de que en cuatro años, el fútbol europeo se había alejado mucho del amateurismo sobre todo en Italia, Francia, Suiza y en Europa Central, por lo que la exclusión aumentó relativamente. Pese a ello, el campeonato fue muy superior al inglés, con condiciones de recibimiento de calidad y por primera vez un cuerpo arbitral internacional. Jugaron once equipos, todos europeos, que abarcaban buena parte del Continente.

Los Juegos de 1920 cayeron otra vez en manos de dirigentes amateuristas, y para el fútbol, bajo control de De Laveley, el agente inglés. No se ha dicho con suficiente claridad que la contradicción entre el reglamento amateurista caduco y la realidad del fútbol internacional fue entonces altamente aberrante. En 1920, después de la Guerra y de un torneo interaliado totalmente abierto, hasta los belgas, que querían ganar, pusieron en sus filas a una gran cantidad de profesionales, otrora tránsfugas, súbitamente adulados por su asociación.

El reglamento establecido por el Comité belga, diferente del sueco y del inglés, se caracterizó por su blandura. No presentó, como los anteriores, una definición general del amateur, pero reservó el campeonato a esa categoría disponiendo que cada equipo nacional debía aplicarse la definición del amateur de su propia asociación. El sistema era torcido: ¡solo se podían presentar reclamos contra sus propios jugadores! También era fundamentalmente pérfido: transfería deliberadamente al nivel internacional un sistema de consideración de categorías propio del nivel nacional.

El resultado fue que los norteamericanos –estadounidenses y canadienses– cuyo fútbol se profesionalizaba a gran velocidad y que habían jugado con placer el gran campeonato interaliado, no viajaron. El campeonato olímpico de Amberes permaneció en el perímetro de Europa. Una sola excepción: jugó Egipto, entonces protectorado británico. Pero esta presencia pasó desapercibida y el torneo siguió siendo considerado por la opinión como limitadamente continental. Solo la prensa belga y algunos especialistas franceses amigos aplaudieron al equipo local como campeón del mundo. Pero eso fue más un espejismo momentáneo, fruto de la expectativa y la desilusión, que un reflejo durable de los hechos.

¿Hubo pues amateurismo marrón en 1920 en Bélgica?

Hubo amateurismo marrón a cada vez que se estableció un reglamento amateur porque siempre se presentaron profesionales disfrazados y amateurs indemnizados. Y sucedió de manera masiva en Bélgica como consecuencia del desarrollo imparable del espectáculo futbolístico pago. En el plantel francés, 20 de los 22 jugadores vivían del fútbol. Equipos como Bélgica, Italia o Checoslovaquia alcanzaban niveles de profesionalismo semejantes. En cuanto al equipo británico, se llenó de jugadores del Corinthian. Este equipo no jugaba campeonatos pero realizaba giras cobrando jugosos cachés que se repartían entre los jugadores.

En Amberes la situación fue sumamente malsana ya que las asociaciones que se presentaron como puramente amateurs siguieron, con cierto atraso, el ejemplo británico. Al mismo tiempo, la omnipresencia del amateurismo marrón –que no fue sancionada porque tanto los belgas como los franceses y los checos querían ganar a toda costa y el reglamento no posibilitaba los reclamos– fue la prueba más evidente de que se tenía que cambiar profundamente el sistema.

Había dos posibilidades. O el fútbol se obstinaba en seguir la línea cada vez más absurda del amateurismo caduco y organizaba una especie de policía encargada de verificar la calidad de los jugadores anotados, o si no, más simple, realista y favorable al desarrollo del fútbol, se reglamentaba el campeonato olímpico como abierto. La situación malsana de 1920 implicó también al bloque amateurista y eso ayudó para que en 1924 se impusiera un reglamento abierto sin que se elevaran protestas.

Ciertos relatos, como el que presenta el libro publicado en 2017 por el Museo de la FIFA, afirman que los campeonatos de 1908, 1912 y 1920 fueron ejemplares, pero que el de 1924, y más aún, el de 1928, fueron infestados por el amateurismo marrón. Agregan que fue por eso que los ingleses se fueron de la FIFA. Esto no es coherente. No pudo haber amateurismo marrón en 1924 y 1928 puesto que los reglamentos fueron abiertos y la presencia de no amateurs y de profesionales estaba autorizada. Hubo en cambio amateurismo marrón en 1908 en filas británicas, y por imitación, en los otros equipos europeos en 1912 y 1920.

Viene al caso destacar una particularidad del reglamento redactado en 1908 por la Football Association. Como todo reglamento amateur constaba de dos disposiciones complementarias. La primera establecía que el campeonato estaba reservado a los amateurs. La segunda enunciaba la indispensable definición del amateur. Pero esta definición conjugaba los verbos en tiempo presente: «es amateur aquél *que no está registrado* como profesional, que *no recibe* ventajas en dinero de ningún tipo», etcétera, punto que solo los dirigentes de la Football Association podían percibir.

La explicación de esta rareza –los verbos de estas definiciones se conjugaron siempre en tiempo pasado siguiendo la fórmula consagrada de «aquél que *nunca cobró*, aquél que *nunca fue*», etcétera– es que autorizaba la inscripción de futbolistas profesionales que se recalificaban puntualmente como amateurs para jugar en aquella falsa selección, siguiendo un mecanismo reglamentario que solo existía en Inglaterra.

Igualmente, jugadores como el capitán Vivian Woodward pasaban por amateurs ejemplares. Este arquitecto, que durante su carrera de futbolista dejó de lado las actividades de su agencia, era en realidad un accionario de su club que cobraba porcentajes sobre las recaudaciones.

¿Acaso estas reglamentaciones olímpicas amateurs tienen relación con la resolución votada por el congreso de la FIFA de Cristiania en 1914 que reconocía el campeonato olímpico como campeonato del mundo amateur?

La resolución de Cristiania vino a oficializar una estrategia y a culminar un proceso. Fue el reflejo final de la línea malsana que impusieron los ingleses a la FIFA y que consistió en separar a los amateurs de los profesionales a nivel internacional, en ofrecer una competición a los primeros privando de campeonato legal a los segundos. Los reglamentos de 1912 y

1920 fueron igualmente un reflejo de la dominación mental que ejercieron los ingleses sobre las asociaciones continentales del bloque amateurista y que les permitió controlar la FIFA hasta 1920.

Pero esos reglamentos olímpicos amateurs, aunque emanaban de la misma ideología, no fueron ni una aplicación de la resolución de Cristiania ni tampoco antecedentes de la misma. Los reglamentos de 1908 y 1912 fueron anteriores, y la resolución de Cristiania no era retroactiva. En cuanto al reglamento de 1920, fue redactado por la asociación belga en un momento particular: la FIFA se hallaba en plena descomposición y Bélgica promovía con Inglaterra la creación de una nueva federación internacional. En ese contexto, el reglamento belga no se refirió ni a Cristiania ni a ningún otro punto que la llevara a mencionar la palabra «FIFA».

Para la historia, la importancia de la resolución de Cristiania es que revela la clave de una época, la época de la dominación inglesa, y el eje de una estrategia: reservar el profesionalismo para Gran Bretaña e imponer el amateurismo en el Continente. Por lo demás, la resolución no se aplicó nunca. El texto exigía que la FIFA no ejerciera ningún poder deportivo olímpico, y autorizaba a que, para los futuros torneos, se llevara a cabo una auditoría de los reglamentos olímpicos que otros establecerían. Así, la resolución de Cristiania no era un reglamento ni podía determinar la naturaleza del campeonato olímpico. Esta dependía exclusivamente del verdadero reglamento, que no tenía por qué ser amateur. Finalmente, la resolución de Cristiania contribuyó a que la FIFA expusiera abiertamente su atraso y acentuara la desconfianza de las vanguardias deportivas.

Tampoco los reglamentos posteriores a 1920 hicieron jamás la más mínima alusión al texto de Cristiania. En 1921, en ocasión del congreso olímpico de Lausana, el nuevo presidente de la FIFA, Rimet, aceptó el ejercicio de los poderes olímpicos y la redacción o supervisión directa del reglamento olímpico por la federación internacional. De esta manera liquidó casi totalmente la mencionada resolución. Desde esa fecha, el atraso amateurista de la FIFA empezó a diluirse y la resolución de 1914, inmerecidamente famosa y muy criticada por Rimet en su libro de 1954, desapareció totalmente sin haber operado jamás, sin haber promovido una sola auditoría, superada por el viento positivo del fútbol profesional.

El mundial universal de 1924

¿Es posible detallar de qué manera se dio el cambio reglamentario en 1924, cómo fue que se pasó del reglamento amateur al reglamento abierto?

Rimet fue elegido presidente de la FIFA en marzo de 1921. La FIFA trataba de salir de una crisis en la que se hundía desde el fin de la guerra. Los ingleses politizaron el debate. Fue un pretexto para liquidarla. Exigían la exclusión definitiva de los países vencidos y de todos los equipos que se atrevieran a jugar contra ellos, vale decir, los neutros.

La tentativa de liquidación inglesa paralizó la actividad de la FIFA hasta noviembre de 1920, durante casi dos años. Los británicos se fueron en agosto de 1920 y el francés Rimet fue elegido presidente. Obró en su favor la posición moderada de la asociación francesa entre dos extremos: la línea de Hirschman, demasiado alemana, y los planes ingleses, contra los intereses del fútbol. El mandato que le fijaron entonces las asociaciones, fuerte y claro, puede definirse en cuatro puntos: evitar los temas que dividen; reunificar la FIFA; devolverle el funcionamiento administrativo que tenía antes de la guerra, lejos de la actividad realmente deportiva; obtener el retorno de los ingleses. Para el resto, Rimet tenía las manos libres.

Prácticamente al mismo tiempo, Coubertin anunció que se retiraría totalmente del movimiento olímpico en 1925 y solicitó al Comité Olímpico Internacional que a treinta años de la creación de los Juegos, la olimpiada de 1924, prevista en principio en Ámsterdam, se jugara en París, su ciudad natal. Se abría una posibilidad de cambiar, para Rimet y para el fútbol.

Es que la perspectiva de Juegos en Holanda no era favorable al cambio reglamentario: la asociación monárquica iba a intentar por todos los medios amateurizar la prueba nuevamente, como lo habían hecho los belgas y los suecos. En mayo-junio de 1921 el congreso olímpico de Lausana tomó dos decisiones importantes: integró en los poderes olímpicos a las federaciones internacionales y aceptó organizar la octava olimpiada en París. Con eso, Rimet, que era presidente de la FIFA y presidente de la asociación francesa, vio abrirse una vía real en el sentido del abierto.

El dirigente francés era un profesionalista radical. En 1900, desde la USFSA, había contribuido a organizar los campeonatos olímpicos profesionales del atletismo. Posteriormente, con su club, el Red Star, y con su Liga de Football Association creada en 1910, había impulsado la profesionalización acelerada del fútbol francés.

En Lausana, Rimet aceptó el contrato de tres años que le propuso el Comité Olímpico Francés por el ejercicio de funciones de vicepresidente ejecutivo y de miembro de la Comisión de estudios encargada de preparar las infraestructuras. Siendo presidente de la FIFA, se convirtió en empleado asalariado del movimiento olímpico francés. Y en ese contexto, recibió del patrón Coubertin un nuevo mandato que le convenía perfectamente: universalizar el campeonato de fútbol.

El mandato olímpico universal y el mandato unitario que le imponía la FIFA eran aparentemente contradictorios. Pero en la práctica resultó fácil conciliarlos. El poder deportivo olímpico era doble, compuesto por la asociación francesa y por la FIFA. Rimet presidía los dos. La solución consistió en hacer pasar los temas consensuales por la FIFA y los temas que dividen, como el tema clave de la reglamentación abierta, por la asociación nacional francesa. Nadie sabría cuándo Rimet estaba actuando como presidente de esto y cuándo como presidente de lo otro.

La prudencia de Rimet se justificaba. Tenía todas las razones para temer que el bloque amateurista le opusiera la famosa resolución de Cristiania, bloqueara el plan establecido con Coubertin y rompiera el proyecto mayor, mundialista y universalista, que tenía en mente. Tardó lo más que pudo en convocar el congreso de la FIFA, que se reunió finalmente en mayo de 1923, un año antes de los Juegos, con la finalidad principal de finalizar el trámite de afiliación de una veintena de asociaciones nuevas.

Rimet sometió al congreso una serie de asuntos accesorios que ya estaban resueltos, guardando para la Comisión técnica francesa la resolución de los temas decisivos, que eran igualmente los temas conflictivos: la calificación del campeonato como mundial supremo sin mención de amateurismo y el establecimiento de un reglamento abierto.

En enero de 1924, la Comisión técnica publicó un reglamento que ignoraba totalmente la cuestión del amateur/profesional. Su redactor principal, el delegado de la FIFA ante la International Football Association Board y especialista en leyes, Henri Delaunay, explicó esta opción en un editorial de la prensa oficial francesa, *France Football*. Argumentó que para la FIFA no había categorías, que ese era un tema nacional y que el fútbol internacional era un abierto. Muy hábilmente agregó que desde 1921, las selecciones continentales enfrentaban a la verdadera selección inglesa sin preocuparse de la calidad de sus adversarios. Inglaterra alineaba entonces nueve profesionales del mayor nivel sobre once titulares.

En abril del mismo año, en la misma prensa oficial francesa muy ampliamente difundida, Rimet inauguró la calificación que habría de volverse oficial y que sería utilizada sistemáticamente como encabezamiento de los programas: «Torneo Mundial de fútbol de la octava olimpiada». Se sentaron entonces las nuevas fundaciones francesas del fútbol internacional: el próximo campeonato olímpico de fútbol sería mundial y abierto, una gran fiesta universal.

¿Puede decirse que a lo largo de este trabajo preparatorio conceptual, Rimet marginalizó a una FIFA dudosa que él mismo presidía?

Sería excesivo decirlo así aunque fundamentalmente cierto puesto que Rimet era quien más desconfiaba de la FIFA. Pero también puede decirse lo contrario, ya que en ese momento la FIFA era él, con plenos poderes deportivos, y después de años de una tutela inglesa que la tiraba para atrás, la asociación francesa no hacía otra cosa que llevarla de la mano hacia adelante, ejerciendo una tutela esclarecida.

Por otra parte, aun cuando Rimet limitó la consulta del congreso y también del comité ejecutivo a puntos accesorios –el calendario y el sistema de competición que ya estaban resueltos por anticipado–, la actividad deportiva de la FIFA fue, en 1924, mucho mayor que la que había tenido a lo largo de toda su existencia. Por decirlo de alguna manera, ese magro congreso de 1923 fue, pese a todo, su bautismo deportivo.

Para empezar, la FIFA fue consultada sobre ciertos temas que interesaban mucho a las asociaciones: las fechas y el sistema de partidos. Y eso no había sucedido nunca bajo presidencia inglesa. En segundo lugar, los deseos expresados por el congreso fueron debidamente anotados en las actas. En tercer lugar, la FIFA integró realmente los poderes deportivos: con cinco miembros de diferentes países, constituyó el organismo más importante del torneo, el tribunal de reclamos. Este organismo tenía la misión de asegurar la aplicación del reglamento en todos sus aspectos: calificación de los jugadores, regularidad de los partidos, oficialización de los resultados, tratamiento de las eventuales protestas.

Por otra parte, y esto también era una novedad, la FIFA designó directamente el cuerpo arbitral internacional sobre la base de los jueces que le propusieron las asociaciones. En cierta medida, supervisó igualmente los trabajos de la Comisión técnica puesto que Rimet tuvo que referirlos al comité ejecutivo. Finalmente, y esto era casi una revolución, el congreso fue invitado a componer un comité consultivo de las leyes del juego y le confirió poderes para modificar las reglas.

Punto culminante de ese proceso prudente, en ocasión del congreso siguiente que se reunió en 1924, en París, al margen del campeonato, Rimet provocó una discusión franca sobre el tema del amateurismo que se transformó, con las declaraciones de los húngaros y los austríacos, en un alegato en favor de una reglamentación urgente del imparable profesionalismo. La conclusión fue un comunicado histórico en el cual la FIFA reconoció que «los equipos olímpicos más puramente amateurs van a alinear esta vez a una gran cantidad de jugadores profesionales.» El congreso quedó así totalmente implicado en el contenido reglamentario abierto, borrándose lo que podía quedar de la resolución de 1914.

Pero lo más importante es destacar que si la FIFA no fue más responsabilizada, más activa y más dirigente, fue porque su propio presidente no le tenía confianza, y sobre todo, porque el mandato unitario que se le había confiado lo obligaba a avanzar de esa manera lenta y precavida. Nadie se lo podía reprochar porque nadie creía entonces en las capacidades de liderazgo de una organización que durante veinte años se había rebajado y paralizado sola, cortándose de las legítimas expectativas de los futbolistas y abandonando su tarea de desarrollo del fútbol internacional global, amateur y profesional.

¿Acaso esa FIFA atrasada merecía que se le diera importancia? La componían ahora cuarenta miembros. Veinte eran asociaciones viejas que no habían sabido despertar. Veinte eran asociaciones nuevas que no podían ser recibidas con el triste espectáculo de una FIFA dedicada, una vez más, a echar abajo el proyecto universalista.

¿Cómo se demuestra que el reglamento de 1924 fue un reglamento abierto?

Lo primero que el lector debe saber es que los reglamentos de los campeonatos olímpicos son consultables y descargables en la red. Casi todos se encuentran insertos en los informes generales publicados después de la olimpiada por el comité olímpico organizador. Los de 1920 y 1924 figuran en boletines aparte, que fueron publicados antes de las pruebas y distribuidos a las federaciones participantes.

Dijimos en puntos anteriores que para que un reglamento amateur fuera efectivo tenía que cumplir dos requisitos: uno, explicitar que el campeonato estaba reservado a los amateurs; dos, dar una definición precisa del amateur posibilitando la formulación de reclamos.

Los reglamentos abiertos, claro está, no contenían reserva. Eran de dos tipos: los que ignoraban deliberadamente el tema del amateur/profesional y los que expresaban de una manera u otra que el campeonato autorizaba la participación de todos. El reglamento del fútbol de 1924 fue del primer tipo mientras que, como se verá más adelante, el de 1928 fue del segundo tipo por necesidad: debía desmantelar punto por punto el Código del amateurismo.

Lo que puede decirse del reglamento de 1924 no es mucho. Solo los artículos 3 y 4 trataban de las condiciones de admisión y de la calificación de los futbolistas. Y se limitaban a retomar lugares comunes como ser las fechas de inscripción y la cantidad de jugadores aceptados por país; en definitiva, solo criterios administrativos.

El editorial de Delaunay, ya mencionado, explicó por qué no figuraba siquiera la palabra amateur: para la FIFA y para el nivel internacional del fútbol, las categorías sencillamente no existían.

La ignorancia deliberada del tema de las categorías era entonces lo propio de los campeonatos «open» por excelencia. Los reglamentos del British Home Championship, de la Copa América, y posteriormente los de la Copa Internacional de Europa Central o del campeonato del mundo de la FIFA no se refieren en ninguna parte al tema de las categorías. En 1928 la situación diferente impuso una redacción diferente. Si el reglamento callaba, daba a entender que aceptaba las prescripciones amateuristas olímpicas. Por eso fue que tuvo que expresarse frontalmente sobre el asunto.

Más allá del texto, poco expresivo pero muy significativo, lo esencial es que el campeonato olímpico de 1924 fue el primer abierto de la historia olímpica del fútbol. La causa de este cambio puede resumirse así: fue abierto por obra de la dirección del fútbol francés, del secretario general de la asociación francesa, Henri Delaunay, y de su presidente y presidente de la FIFA, Jules Rimet. El cambio de reglamento, de reservado a abierto, reflejó el cambio de nacionalidad en la dirección del fútbol internacional, de Inglaterra a Francia. Y también un cambio político: de la visión colonial clasista se pasó a la concepción universal igualitaria.

La apertura reglamentaria no fue la única gran novedad del torneo de 1924. La otra gran novedad fue que su dimensión geográfica lo convirtió en el primer campeonato del mundo verdadero de la historia.

¿Cómo se argumenta que el torneo de Colombes fue el primer campeonato mundial?

Como se ha venido explicando en puntos anteriores, los campeonatos olímpicos de 1908, 1912 y 1920 no fueron campeonatos mundiales sino, como mucho, campeonatos europeos o campeonatos del Viejo Mundo.

En 1908 jugaron cinco equipos europeos, en 1912 once entre los cuales Rusia, y en 1920 trece a los que se sumó un seleccionado de Egipto, entonces protectorado británico. Aun cuando se considere que Rusia y Egipto representaron respectivamente a Asia y África, eso no bastó para que el campeonato de fútbol fuera reconocido por la opinión como de dimensión mundial. Se avizoró sin duda una extensión más allá de Europa, sobre todo en 1920. Pero la floja participación africana pasó desapercibida, resultando entonces insuficientemente significativa.

De cualquier manera, en todos estos casos, faltaba algo para cumplir con la idea fundamental olímpica de un encuentro entre Viejo y Nuevo Mundo: tanto Rusia como Egipto formaban parte de la zona «vieja» del planeta. Por eso, desde el punto de vista de la opinión de los especialistas, y aunque de vez en cuando formularan por exceso de expectativa que el campeonato de Bélgica había sido un mundial, la idea racional y objetiva, el sentimiento general y sensato siguió siendo que en los Juegos olímpicos el atletismo era un campeonato del Mundo y el fútbol solamente un campeonato de Europa.

La expectativa mundialista se define como un fuerte deseo de campeonato mundial, un fuerte deseo de ver al fútbol igualar y hasta superar al atletismo en materia de representatividad. Tres factores la generaron a partir de 1914 en los medios del fútbol europeo.

En primer lugar, obró la extensión mundial de la FIFA, con la incorporación de Argentina y Estados Unidos. En segundo lugar, incidió la guerra, que fue un hecho mundial con participación de tropas de todos los continentes y mezcla de soldados de múltiples nacionalidades en el frente. En tercer lugar, y este es probablemente el hecho decisivo aunque muy relacionado con el punto anterior, el torneo de fútbol interaliado disputado en el estadio Pershing, en París, en junio-julio de 1919 abrió una nueva vía. Allí se enfrentaron por primera vez selecciones de Europa y de América. Las participaciones de Canadá y de Estados Unidos, presentes en la edición olímpica de Saint-Louis en 1904, y la impactante final entre los profesionales franceses y los profesionales checos del Sparta de Praga, generaron en la opinión la convicción intensa de la inminencia de un campeonato mundial en el marco deportivo por excelencia: la olimpiada.

Pero como ya se ha señalado, esta expectativa no fue colmada en 1920, en parte porque ni la crisis interna que vivía la FIFA ni la actitud inglesa contribuían a movilizar equipos lejanos, en parte porque la reglamentación amateur desalentó a los profesionales de América.

La expectativa era tan intensa que se quiso ver durante un tiempo en el campeonato de Amberes el surgimiento de un campeonato mundial verdadero y en el equipo belga vencedor, el primer campeón del mundo de la historia. Pero los mismos que se entusiasmaron en exceso, desmintieron pronto sus declaraciones precipitadas en balances posteriores, volcando su esperanza de ver por fin realizarse el sueño en la olimpiada de París.

En agosto de 1923, en la prensa oficial del fútbol francés, Rimet llamó a todas las naciones del globo a que se prepararan para jugar el campeonato del mundo de los Juegos. Es que el mes de mayo anterior, en el congreso de la FIFA de Ginebra, el presidente de la federación internacional había recibido garantías en cuanto a la participación de Uruguay y de Estados Unidos. Y esto se confirmó cuando se cerraron las inscripciones de los equipos y se efectuó el primer sorteo, en abril de 1924. Se anunció entonces oficialmente la organización del primer Torneo Mundial, el Torneo Mundial de la octava olimpiada, y la puesta en juego de un título de campeón del mundo. Esta propaganda se mantuvo a lo largo de todo el campeonato, estimulada probablemente por la fe en la victoria que se tenían los franceses. El mundialismo invadió la prensa deportiva francesa, suiza, italiana, española, siendo masivamente reconocido aquél campeonato como el primer mundial verdadero de la historia del fútbol.

Esta vez el campeonato respondía perfectamente a los requisitos olímpicos. Había encuentro entre Viejo y Nuevo Mundo puesto que jugaban por un lado veinte equipos de Europa, Asia y África, y por otro lado, dos de América. La sola presencia del equipo profesional estadounidense, exponente de la superpotencia deportiva de la época, bastó para mundializar el campeonato. Pero finalmente fue la participación de los flamantes campeones de Sudamérica, líderes de su zona y representantes indirectos de todos los equipos de la Confederación Sudamericana (siete en aquél momento) lo que mundializó la prueba de modo irrebatible.

A estas presencias hay que agregar la participación de un equipo del Estado Libre de Irlanda. La Football Association inglesa quiso impedir su participación pero los irlandeses no cedieron, afirmando así su independencia y representando al mundo británico de manera particular.

Se realizó entonces por primera vez el campeonato del mundo verdadero –los anteriores habían sido solo mundiales potenciales– y también por primera vez el campeonato olímpico abierto a todos los futbolistas. La suma de estos dos factores dio como resultado que en 1924 se jugó el primer campeonato del mundo supremo del fútbol de la historia.

¿Cómo se responde en tal caso a la pregunta de quién creó el campeonato del mundo de fútbol?

La creación de aquél primer campeonato mundial supremo del fútbol fue colectiva. La FIFA como conjunto no jugó un rol decisivo aunque sí lo tuvo su presidente. En todo caso, y en esto la FIFA actual tiene razón, la federación internacional se mantuvo afuera de la dirección conceptual, no fue vanguardia calificativa y ni siquiera fue capaz de emitir un comunicado saludando la realización del tan esperado campeonato del mundo universal. No puede decirse entonces que aquél campeonato fundador fue un campeonato del mundo «de la FIFA».

Y sin embargo, la FIFA fue plenamente «cómplice». Formó parte de los poderes deportivos y aunque lo hizo desde una posición de seguimiento, no de liderazgo, acompañó la obra.

El mérito de la creación de aquél mundial lo comparten tres actores.

El primer actor fue el movimiento olímpico, y en primera línea Coubertin. Coubertin inventó el marco en el seno del cual puede surgir libremente el campeonato del mundo de fútbol. Y en 1921 invitó a que Rimet diera a su disciplina la máxima universalidad. Por otra parte, su rechazo radical de la «momia del amateurismo» protegió el establecimiento del decisivo reglamento abierto de la prueba de fútbol como favoreció también el abierto de atletismo que tuvo lugar en la misma olimpiada.

El segundo actor fue la asociación francesa, y en particular sus dos líderes, Rimet el presidente, Delaunay el secretario general, redactor del reglamento. El aporte francés fue doble: el reglamento abierto que universalizó el campeonato y la calificación mundialista sin la menor alusión al amateurismo, que abrió la vía a la futura Copa del Mundo. Su obra de propaganda y de dirección conceptual nos lleva a decir que la asociación francesa fue el creador principal del mundial universal.

El tercer actor lo formaron los equipos del Nuevo Mundo que cruzaron el Atlántico: Uruguay y Estados Unidos. Con su viaje y su participación crearon objetivamente la dimensión mundial verdadera, produjeron el «hecho mundial» requerido.

Puede agregarse un cuarto actor: la opinión. Se han publicado archivos de sobra que demuestran cómo la prensa de Francia, Suiza, Uruguay o Argentina reconocieron el campeonato del mundo supremo y a Uruguay como mejor equipo del mundo, como campeón del mundo, como mejor entre los mejores. Y en esto obró también la asociación uruguaya que tituló su informe oficial de 1924 «Uruguay Campeón de Football Mundial».

Pero nuevamente, el reconocimiento definitivo vino por los dirigentes franceses. Apenas terminada la final entre Suiza y Uruguay, Rimet expuso a la prensa deportiva francesa mayor (*L'Auto*, 400 mil ejemplares diarios durante los Juegos) su gran proyecto: «extender el campeonato del mundo olímpico», que acababa de surgir, organizando preludios continentales administrados por la FIFA. Y anunció que el proyecto sería inmediatamente sometido al próximo congreso olímpico previsto en Praga en 1925.

Era la primera vez que la FIFA, o mejor dicho, el presidente de la FIFA –ni el congreso ni el comité ejecutivo fueron consultados– declaraba querer «organizar el campeonato del mundo» aun cuando se tratara de una organización parcial. Y lo hacía de manera ofensiva, sabiendo que los principios de organización de los campeonatos olímpicos eran hasta ese momento prerrogativa absoluta del movimiento olímpico.

Lo que proponía Rimet no era una creación, menos aún una creación propia. El mundial ya había surgido por el desarrollo mismo del campeonato olímpico. Lo que proponía era solo un complemento. Y sin embargo, era una iniciativa histórica: la FIFA se implicaba explícitamente en el desarrollo mundialista y también en el desarrollo organizativo de los Juegos.

¿Qué significa el plan propuesto por Rimet el 9 de junio de 1924?

Era un plan brillante.

Que se entienda bien. La FIFA no se había propuesto nunca crear ni por sí misma ni por otra vía el campeonato del mundo de fútbol. Se escribe por todas partes que desde 1904 la FIFA era mundialista y que en 1924 había reafirmado ese proyecto aunque le faltaban fuerzas para llevarlo a cabo. Todo eso es leyenda.

La FIFA se creó en 1904 con la intención deliberada de invitar solo a las asociaciones de Europa. La idea era estructurar una federación de asociaciones de Europa y organizar rápidamente la Copa de Europa correspondiente, también llamada Copa internacional. El proyecto de campeonato se aprobó en 1905, en el segundo congreso. Cuatro meses después, el sabotaje anglo-belga selló su fracaso y condujo a la renuncia del presidente Guérin. En 1906, el tercer congreso de la FIFA, aplastado por su propia mala consciencia y un sentimiento de traición, aceptó el dictado inglés: la FIFA no se propondría más crear campeonatos, ni de Europa ni de ningún otro tipo. Se convirtió entonces en una FIFA de papel. La parálisis duró prácticamente hasta 1924, año en que empezó una lenta y larga convalecencia con graves recaídas.

A partir de 1906, las asociaciones que integraban la federación internacional se volcaron hacia la única alternativa que les quedaba: el campeonato de fútbol de los Juegos olímpicos. Y con el tiempo, lo apreciaron. El torneo olímpico se convirtió en el campeonato de las asociaciones. En el congreso los dirigentes continentales vegetaban infantilizados por la tutela inglesa. En el entorno del torneo olímpico recobraban cierta independencia, libertad e iniciativa creativa.

En 1914, la resolución de Cristiania, opuesta a la propuesta de Coubertin y a la iniciativa de los delegados del fútbol holandés, confirmó que la FIFA no se proponía ningún aporte directo en el plano deportivo, ninguna iniciativa directa en el sentido de organizar o de contribuir a organizar el campeonato de sus asociaciones. Se mantenía, como querían los ingleses, al margen, y globalmente resignados, los delegados lo aceptaban. Se impuso entonces en las bases un balance: la vida deportiva se desarrollaba en otra parte. Dentro de la FIFA, el letargo y los papeles; fuera de la FIFA, el fútbol.

Al salir de la guerra, en 1919-1920, la FIFA entró en una fase suicida. El tema del campeonato desapareció por completo. La opción olímpica fue más que nunca la única imaginable. El nuevo presidente Rimet, que había hecho sus primeros pasos en la USFSA de Coubertin y de Guérin, estaba plenamente en esa línea. Pero había sido delegado francés en 1914 en Cristiania, y el giro que la FIFA había cobrado entonces le había dejado una pésima impresión. En 1921, contratado como asalariado por el Comité Olímpico Francés, decidió rectificar.

El éxito del torneo de fútbol de 1924 fue enorme e instaló el prestigio de Rimet, sobre todo a los ojos de las nuevas asociaciones. La idea entonces, en el momento en que todo se encarrilaba tan bien, no podía ser irse de los Juegos. No habría tenido ningún sentido. Lo que sí tenía sentido era desarrollar esa fórmula, mejorar esa fórmula, agregarle esas cualidades que hubiera tenido un campeonato propio: la plena satisfacción de la experiencia deportiva y la plena satisfacción del beneficio financiero.

En 1924 el fútbol se convirtió en la disciplina reina de los Juegos. Recaudó dos veces más que el atletismo y atrajo dos veces más público. Financió así muchas disciplinas olímpicas importantes que no eran rentables y se impuso objetivamente como el motor olímpico.

Lo que propuso entonces Rimet fue «crear» una parte más en el dispositivo existente: las eliminatorias continentales. La idea era genial porque le habría permitido a la FIFA organizar totalmente esa primera parte, reglamentarla de manera a asegurar plenamente su soberanía, y sobre todo recaudar, lo que no era posible en el marco de los Juegos.

Al mismo tiempo, las asociaciones que iban a las olimpiadas a pura pérdida, podrían ganar dinero durante las eliminatorias. Y mientras la ronda final permanecería durablemente limitada a 16 equipos –el campeonato olímpico debía durar quince días como máximo–, los preludios podrían extenderse indefinidamente. Así, rápidamente, las eliminatorias, previstas con partidos ida y vuelta, generarían mucho más ingresos para la FIFA que la fase final para la estructura olímpica beneficiaria.

Corresponde recalcar que el enunciado de ese proyecto por Rimet demuestra que, en 1924, la FIFA no se proponía de ninguna manera crear su campeonato del mundo propio. Se limitaba a avizorar la posibilidad de una mejora del campeonato del mundo existente, dotándolo de una estructura híbrida: ronda final olímpica, eliminatorias de la FIFA.

¿Cómo se explica que el libro del Museo de la FIFA afirme que el campeonato del mundo (amateur) fue creado en 1908 por la Football Association inglesa en el marco de los Juegos?

Se explica muy fácilmente: el libro fue redactado por un periodista inglés generosamente remunerado para desarrollar una historia totalmente imaginaria y descaradamente partidaria respondiendo a un objetivo central fijado por la presidencia: hacer de la acción negativa ejercida por la dirección del fútbol inglés entre 1904 y 1930 un modelo de virtud. El autor enuncia entonces una larga serie de disparates que ni la propia Football Association inglesa se atrevería a sostener.

En ningún libro oficial inglés, en ningún museo británico, ni en Inglaterra ni en Escocia, se han expuesto jamás tesis tan absurdas sobre épocas en que nadie pensaba en campeonatos mundiales. Y esto da la pauta de un problema grave: el carácter tendencioso de la FIFA actual, no solamente en favor de Europa contra América, sino en favor de Inglaterra contra Europa. Cunde una sospecha: que Infantino apunta a preparar la eventual candidatura británica para organizar el campeonato del mundo de «los cien años», en 2030.

Por lo demás, los argumentos que avanza el autor inglés, Guy Oliver –su nombre, por orden del presidente Infantino, no figura en el libro del Museo, y los servicios de la FIFA tienen prohibido comunicarlo– son dos: que en aquella época, y hasta tanto no se creara otro campeonato del mundo, «los campeonatos olímpicos se consideraron como campeonatos mundiales»; y que la resolución de Cristianía adoptada por la FIFA en 1914 tenía carácter retroactivo. Son dos disparates más.

Los campeonatos olímpicos nunca fueron considerados automáticamente mundiales. Los dirigentes olímpicos eran gente culta que sabía, por haber frecuentado la escuela, que Colón había descubierto América en 1492 y que el Mundo se componía desde ese entonces de dos partes: la parte Vieja y la parte Nueva, o simplificando, Europa y América. En cuanto a la resolución de Cristianía, sus verbos en tiempo futuro y la exigencia, previa al reconocimiento mundialista, de una auditoría oficial, le quitaban todo carácter retroactivo.

Agrego al pasar que este periodista inglés no es el único en permitirse desarrollar tesis disparatadas sobre el tema del origen de los campeonatos mundiales. Pero hasta el momento, se trataba de atrasar más y más la fecha del primer campeonato del mundo verdadero: clásicamente a 1930, pero también, como he oído decir en prestigiosas conferencias internacionales, a 1954 según ciertos historiadores franceses y hasta la edición de 1982 según un famoso sociólogo inglés.

Esta es la primera vez que un libro supuestamente serio, que emana de una institución encuadrada, se propone avanzar este tipo de fechas sin el menor escrúpulo y con una intención que salta a la vista: dejar bien parada a la Football Association. La leyenda mundialista, que hasta ahora iba en favor de la FIFA, se deslizó pues al servicio de la imagen que quiere darse el fútbol inglés, financiada por la FIFA, publicada en los libros de la FIFA, como «historia oficial».

Lo peor del caso es que las posiciones del Museo de la FIFA –los campeonatos olímpicos de 1908 a 1928 fueron campeonatos del mundo– funcionaron también como una trampa en la cual cayeron buena parte de los periodistas uruguayos que opinan sobre estros temas. Creyeron muy ingenuamente que los descubrimientos de Oliver valían reconocimiento de las estrellas celestes y consideraron como muy positivo que Inglaterra se agregara también dos estrellas, aunque las hubiera ganado un seleccionado británico. No entendieron que para el Museo de la FIFA y para su imaginativo autor, los campeonatos así mundializados seguían siendo considerados como campeonatos amateurs, de nivel inferior.

No entendieron tampoco que lo que se trasmitió a los uruguayos fue el mensaje de siempre: los dirigentes ingleses hacen y deshacen. Pero no se agregan dos estrellas porque no son «vivos», porque no son como otros, porque son un ejemplo de *fair-play*. Saben que esos mundiales viejos fueron amateurs y su legendaria honradez les impide reclamar estrellas por títulos que no están a la altura.

El mundial universal de 1928

Hemos visto que 1924 fue el primer campeonato del mundo abierto del fútbol. ¿Qué pasó en 1928?

Para entender qué pasó en 1928, hay que retomar el relato desde donde lo dejamos, es decir, desde el plan que Rimet concibe el 9 de junio: la extensión del campeonato del mundo olímpico con la organización de preludios continentales bajo control total de la FIFA.

Rimet eleva inmediatamente su proyecto para que el Comité Olímpico Internacional lo inscriba en el orden del día del congreso olímpico que tendrá lugar al año siguiente. No imagina entonces que la situación general de los Juegos pueda cambiar negativamente. Se ilusiona incluso pensando que en un futuro no muy lejano, el decisivo aporte financiero del fútbol será reconocido con hechos y que su jefe podrá entrar en la alta esfera del movimiento hasta –¿por qué no?– presidirlo. Sueña con ser un nuevo Coubertin y no ve lo que se está tramando contra él.

Dos meses después de la final de Colombes, apenas terminada la ceremonia de cierre de la olimpiada, Coubertin declara a la prensa: «Los británicos quieren vernos tratar el importante tema amateurismo caduco desde hace veinte años». ¿Tratar nada más?

Los nubarrones anunciados se densifican a comienzos del año 1925. Varias comisiones empiezan a trabajar con la idea de imponer en los futuros Juegos la regla del amateurismo obligatorio. El objetivo no declarado es frenar el auge de los deportes populares y el aflujo, en el núcleo protocolar del movimiento, de dirigentes de las clases bajas como este pequeño notario de origen campesino que preside el fútbol. Lo peor del caso es que dentro de esas comisiones militan en favor de la regresión importantes delegados del fútbol, suecos, alemanes, el histórico secretario general Carl Hirschman, y también claro está, los representantes ingleses, que volvieron a la FIFA en diciembre de 1923.

Como ya se ha dicho, en mayo-junio de 1925 el Congreso Olímpico Técnico de Praga amateurizó los Juegos por primera vez en la historia votando primero su propio derecho a legislar y luego un Código del amateurismo que prohibía la participación de los deportistas asalariados o ex-asalariados. La medida provocó el rechazo de las presidencias de dos federaciones de primera importancia que boicotearon la reunión y manifestaron sin tardar una terminante oposición: el tenis y el fútbol. Ambas reclamaron lo mismo: el retorno al liberalismo de Coubertin.

Desde su Congreso Pedagógico de Praga, último espacio olímpico en el que se expresó, el creador de los Juegos modernos también se opuso con vehemencia: fustigó la locura de la medida, vaticinó el fin de los Juegos verdaderamente olímpicos y predijo la decadencia de las futuras olimpiadas, que ya no serían universales ni respetuosas de las federaciones.

A Rimet le quedaron dos alternativas: sacar el campeonato del mundo de los Juegos o mantenerlo aceptando las nuevas condiciones reglamentarias humillantes. Ninguna de estas opciones le convenía. Único punto a favor: tenía dos años y medio por delante.

Para empezar, abandonó el proyecto de extensión del campeonato mundial, que en la nueva situación dejó de ser la prioridad. Luego, considerando que en el seno de la FIFA había ahora muchos nuevos miembros abiertos al universalismo, inició un trabajo interno que de todas maneras se había vuelto necesario.

La FIFA iniciaba entonces un vasto ordenamiento de sus estatutos. Rimet aprovechó ese contexto para deslizar discretamente una serie de disposiciones que sometió a voto y que tenían una finalidad inmediata: hacer de la vieja FIFA amateurista de los ingleses, una FIFA definitivamente abierta, de línea francesa.

En el congreso de la FIFA reunido en 1925 en Praga al margen del congreso olímpico hizo votar tres disposiciones estatutarias claves. La primera aseguraba la total soberanía de la FIFA contra cualquier intromisión externa. La segunda, capital, autorizaba que en los campeonatos internacionales las asociaciones nacionales presentaran equipos libremente constituidos con amateurs, no amateurs y profesionales. La tercera, que también parecía cuestionar el Código amateurista olímpico, autorizaba el pago por las asociaciones de generosas compensaciones salariales a sus jugadores, amateurs o profesionales, durante los períodos de disponibilidad internacional.

Las tres medidas fueron aprobadas por mayorías más o menos amplias. En las votaciones se observó la oposición sistemática de las asociaciones del bloque amateurista: Bélgica, Dinamarca, Suecia y Holanda. Pero fueron vencidas. Y en 1926, cuando el congreso reunido Roma ratificó las medidas, la FIFA se convirtió de modo definitivo en una federación abierta. En oposición frontal contra la regresión olímpica, sus nuevos estatutos prepararon, subrepticiamente, la contraofensiva de Rimet.

El congreso de la FIFA reunido en Helsinki en 1927 tenía un carácter decisivo. Los cambios estatutarios obtenidos por Rimet no llevaron, ni mucho menos, a que el nuevo presidente del Comité Internacional, el conde belga Henri de Baillet-Latour, hiciera concesiones. Para sellar su trabajo, Rimet hizo aprobar una nueva medida imparable: en caso de obstáculo en el momento de la inscripción, el futbolista profesional podía ser puntualmente recalificado como amateur por su asociación y anotarse con el nuevo estatuto como integrante del plantel nacional.

¿Cuál fue la reacción del bloque amateurista?

Hubo muchas. En 1927, en Helsinki, holandeses y belgas intentaron someter al voto del congreso una serie de mociones claudicantes, favorables al nuevo amateurismo olímpico. Holanda propuso incluso que para el torneo de Ámsterdam los equipos pudieran anotarse independientemente de lo que decidiera la FIFA. Rimet, furioso, impidió estas votaciones, y para cerrar el lamentable debate, impuso una moción chantaje anunciando la no participación del fútbol en los Juegos de Ámsterdam si Baillet-Latour no aceptaba los estatutos de la FIFA como marco reglamentario.

Tres meses después, en agosto de 1927, presionado por la FIFA y por Holanda, Baillet-Latour dio marcha atrás. El Código del amateurismo fue anulado para el fútbol, y de hecho también para todos los demás deportes incluyendo al atletismo. Fue así que pudieron anotarse libremente los velocistas profesionales finlandeses, Paavo Nurmi y Ville Ritola, cuyas jugosas giras por América eran famosas en el mundo entero.

A fines de 1927, el Comité Olímpico Británico difundió un llamado a boicot mundial contra el campeonato de Ámsterdam, con un éxito muy escaso. A comienzos de 1928, la reacción amateurista dentro del fútbol conoció un nuevo impulso. Las cuatro asociaciones del Reino se fueron de la FIFA poniéndose del lado de la regresión. El boicot británico convino a ciertas asociaciones como Suecia, Dinamarca y Noruega que ya habían decidido abstenerse. De manera indirecta también, confortó a las reivindicativas asociaciones centrales, que ante el veto mantenido por la FIFA contra su Copa de Europa planeaban boicotear los planes de Rimet.

Pero estos movimientos reaccionarios no afectaron lo esencial: el campeonato del mundo se mantuvo en su marco olímpico y en las mismas condiciones reglamentarias abiertas que en 1924. Fue el segundo campeonato del mundo universal del fútbol. Y los ausentes se lo perdieron.

¿Cómo se elaboró el reglamento del torneo de fútbol de Ámsterdam y qué características tuvo?

El reglamento se elaboró de la manera más sencilla y directa.

Rimet tomó todas las disposiciones estatutarias que el congreso de la FIFA había aprobado en los últimos tres años y que muy casualmente desmantelaban punto por punto el Código amateur. Y agregó algunas otras que radicalizaban todavía más la perspectiva profesionalista del reglamento. Dispuso que los jugadores podían ser amateurs o profesionales, que los profesionales podían anotarse como amateurs, y que los jugadores seleccionados, amateurs o profesionales, podían cobrar salarios prácticamente equivalentes a los que cobraban en sus empresas o en sus clubes. Y eso durante todo el período de viaje a Ámsterdam, desde que cerraban las puertas de sus casas hasta que las volvían a abrir.

Fue mucho más allá de lo que Baillet-Latour había querido conceder y también de lo que imaginaba el bloque amateurista de la FIFA, siempre al acecho. Fue un reglamento de subversión, contra el movimiento olímpico, un reglamento de venganza. Fue también la manera más clara de mantener el campeonato del mundo en su nivel supremo.

La publicación de un reglamento tan radical produjo un choque entre los dirigentes amateuristas derrotados. Es que el reglamento de Rimet no solo iba lejos en cuanto a la definición de la calificación aceptada de los participantes: incitaba nada menos que al asalariamiento de los jugadores durante los Juegos por su participación en los Juegos, es decir, a la profesionalización de los Juegos mismos mediante el pago de compensaciones que, así definidas, constituían un verdadero «salario olímpico».

No pudiendo cuestionar un proceso que no era otra cosa que el resultado del ejercicio soberano y democrático de la FIFA, los dirigentes holandeses y belgas, que no podían abstenerse, se encerraron en una posición purista, en la negación del reglamento abierto de Rimet, y actuando contra los intereses de sus propios equipos, excluyeron a sus profesionales más vistosos. Derrotados sin gloria en las oficinas primero, y en la cancha después, se dedicaron a criticar la victoria de los sudamericanos, que según ellos no respetaban el amateurismo, a denigrar el campeonato, porque las reglas de participación no estaban claras, y a dar vueltas a sus reclamos absurdos, que Rimet, presidente del tribunal, les había rechazado.

Su actitud de malos perdedores, sus presiones reaccionarias y los pretextos imaginarios que difundieron en la prensa produjeron una baja general del mundialismo en la opinión europea. Pero lo cierto era que iban contra la corriente de la historia. El fútbol internacional estaba borrando definitivamente los privilegios de clase y ese campeonato olímpico de 1928 era, en muchos aspectos, más mundial que el de 1924, más explícitamente abierto y más activamente «de la FIFA».

¿En qué aspectos el torneo olímpico de 1928 fue más mundial y más supremo que el de 1924?

Los motivos previamente enunciados explican la baja de la participación: 17 países en vez de 22. Pero la cantidad de continentes deportivos representados, cinco, se mantuvo, y sobre todo, la cantidad de países americanos que cruzaron el Atlántico pasó de dos en 1924 a cinco en 1928.

Además de Uruguay y los Estados Unidos, viajaron a Holanda la flamante selección de México y los equipos experimentados de Chile y Argentina. De esta manera, el movimiento mundial, creador del hecho mundial, se multiplicó por 2,5. Y la calidad se mantuvo al presentarse el flamante campeón de América, Argentina, y el campeón del mundo en título, Uruguay.

Pero esto no es todo.

Los hechos que acabamos de detallar con respecto al proceso de reglamentación constituyen una prueba contundente del mundialismo mayor de 1928 con respecto a la edición olímpica anterior. En Ámsterdam, el reglamento se compuso como un compendio de disposiciones estatutarias de la FIFA. Fue un reglamento votado por el congreso de la FIFA, que llevó la firma de la FIFA, un conjunto de decisiones radicales adoptadas en los congresos de 1925, 1926 y 1927. En 1924 en cambio, el reglamento había sido obra de la comisión técnica, es decir, de un concentrado de la directiva de la asociación francesa. Y no había sido sometido explícitamente a la aprobación de la FIFA salvo a su nivel superior, la presidencia, y en su aplicación posterior, al Tribunal de reclamos.

Otra seña de crecimiento del mundialismo: el tribunal de reclamos, que en 1924 se compuso de cinco integrantes exclusivamente europeos, se formó esta vez con diez delegados de diez países diferentes, miembros activos de la FIFA, dos de los cuales eran americanos: el doctor Manning de los Estados Unidos y el diplomático Enrique Buero de Uruguay. Por consiguiente, puede decirse que el tribunal de reclamos, que había sido europeo en 1924, fue mundial y mucho más representativo en 1928. Igual desarrollo siguió el cuerpo arbitral: europeo en 1924, contó con un árbitro uruguayo y otro argentino en 1928.

Lo que acabamos de decir nos lleva a replantear la pregunta que ya hicimos con respecto a 1924: ¿quién creó el campeonato?. Y a darle una respuesta diferente. En efecto, en 1928, el campeonato supremo del fútbol fue directamente atacado por el movimiento olímpico, lo que no había sucedido bajo Coubertin. En ese sentido, aunque se jugó finalmente en un marco olímpico liberal, ese marco no fue obra olímpica sino obra futbolística. El marco de 1924 había sido un ofrecimiento olímpico. El de 1928 fue arrancado por el fútbol contra el movimiento olímpico.

El antagonismo que se manifestó entonces entre la presidencia de la FIFA y la presidencia del Comité Olímpico Internacional autoriza a decir que el campeonato de fútbol de 1928 funcionó deportivamente separado de los Juegos, que los Juegos fueron en cierto modo «futbolizados», salvo en lo que se refiere al beneficio de las recaudaciones de boletería.

Corresponde destacar también que la asociación nacional holandesa, que estaba anotada como segundo poder deportivo del fútbol, fue eludida, por no decir derrotada por Rimet. En los sucesivos congresos de la FIFA sus delegados se opusieron a las disposiciones abiertas, en las comisiones y en el congreso olímpico se mostraron favorables a la regresión, y en el transcurso del campeonato reclamaron contra el atacante uruguayo Héctor Scarone, como si el reglamento abierto no existiera. Su acción perniciosa, sistemáticamente favorable al amateurismo caduco, puso fin a su rol dirigente. Los holandeses tampoco jugaron la carta de la calificación mundialista como lo había hecho cuatro años antes la asociación francesa proclamando el «Torneo Mundial». Todo en su acción conceptual fue negativo. Por consiguiente, tampoco puede figurar esta asociación organizadora en la lista de los creadores de este segundo mundial universal.

A diferencia del torneo de 1924 que fue inaugural, el de 1928 tuvo características de salvataje en pos de un mantenimiento. Rimet salvó el campeonato del mundo, no lo creó, ni lo extendió, y los méritos recaen pues en las manos de quienes posibilitaron ese salvataje, de quienes apreciaron ese mantenimiento, de quienes lo reforzaron y lo volcaron positivamente en las páginas de la gran historia del fútbol.

Rimet pues, sin duda, fue el principal creador de este segundo mundial supremo, contra viento y marea. Y con él, la FIFA, por su aporte reglamentario objetivo, aunque no fue capaz de proclamar, como podía esperarse, el mundialismo debido a los futbolistas. Hay que agregar finalmente la acción viajera de los cinco países del Nuevo Mundo que con su cruce transatlántico mantuvieron y salvaron también el hecho mundial verdadero, el encuentro entre Europa y América, decidiéndose a viajar pese a la incertidumbre reinante.

Corresponde agregar un punto que hoy puede prestar a confusión pero que es típico de la ironía punzante y práctica de Rimet. El reglamento de 1928 fue titulado: «Definición del amateur según la FIFA». Debió, más seriamente, denominarse: Definición del universalismo impuesto por los estatutos de la FIFA al nuevo movimiento olímpico amateur.

Se concluye

¿Cuál es la conclusión?

La conclusión es que, en los Juegos olímpicos de 1924 y 1928 se jugaron dos campeonatos mundiales de fútbol verdaderos reglamentados por la presidencia de la FIFA como abiertos. Tuvieron por lo tanto carácter supremo, absoluto o universal, poco importan los términos exactos. Fue lo que declaró Rimet en 1930 en Montevideo para el Informe oficial del campeonato del mundo organizado en Montevideo:

«C'est surprenant qu'un même pays ait gagné trois fois consécutives la Coupe du Monde, car si les joutes de Colombes et d'Amsterdam n'avaient pas ce nom, elles furent de véritables championnats du monde. C'est la

première fois que ceci arrive.» «Es asombroso que un mismo país haya ganado tres veces consecutivas la Copa del Mundo, porque si bien las justas de Colombes y Ámsterdam no tenían ese nombre [«Copa del Mundo»], fueron verdaderos campeonatos del mundo.»

La fórmula «tres veces consecutivas la Copa del Mundo » confirma plenamente la concepción vigente en ese entonces en el espíritu de este constructor del fútbol internacional: tres campeonatos de valor equivalente. Y esto es lo que justifica y legitima las dos primeras estrellas en la camiseta celeste. Volvemos a lo mismo: la equivalencia.

En eso también, el Rimet de aquellos años, que no buscaba acomodar hechos autobiográficos sino manejar situaciones futbolísticas, contribuyó. En la carta que envió al presidente de la Asociación Uruguaya de Fútbol, Raúl Jude, el 30 de julio, se expresó de esta manera:

«El torneo por la Copa del Mundo termina en apoteosis. Mi pensamiento, en esa hora, evocó aquella jornada de 1924 en Colombes, totalmente semejante a la que acabamos de vivir, y donde por primera vez el equipo de Uruguay fue campeón del mundo. Como hoy, un sol inesperado dominó la fiesta en el momento en que la bandera de la República Oriental fue izada a la cumbre del mástil olímpico en medio de los aplausos de una muchedumbre igualmente alegre y entusiasta. La continuación del éxito ha hecho de la historia de vuestro equipo nacional una verdadera epopeya: ella os autoriza a grabar en vuestros emblemas los tres nombres –Colombes, Ámsterdam y Montevideo– como se llevan sobre la bandera los nombres de las grandes victorias.»

Estos «tres nombres» de tres grandes victorias que evoca Rimet, corresponden a lo que hoy en día se simboliza con estrellas.

Volviendo a la pregunta inicial, ¿el relato que acabamos de ver autoriza a que la asociación uruguaya se atribuya cuatro estrellas?

Sin lugar a dudas, y eso por tres razones fundamentales.

La primera es que cuando se leen los relatos presentados como oficiales, que emanan de redactores contratados por las presidencias de la FIFA, y que son lo más sólido que se ha escrito contra las estrellas celestes, se observa que el cuestionamiento se apoya siempre y únicamente en la misma falsedad: las dos primeras corresponderían a medallas de oro olímpicas en campeonatos amateurs, vale decir, no universales, y eso porque los Juegos olímpicos habrían sido amateurs desde el comienzo.

Desbaratada esa mentira, aparece muy clara la equivalencia entre los campeonatos mundiales abiertos olímpicos y los siguientes convocados por la FIFA. Completado por la estadística, el ejercicio lleva a concluir que los campeonatos olímpicos mencionados fueron más que los campeonatos mundiales siguientes en varios aspectos fundamentales: la cantidad de participantes en la ronda final, la representatividad continental, la calidad de los participantes, la deportividad general, y eso por décadas.

La segunda razón es que las estrellas son una creación de las asociaciones. Simbolizaban su propio palmarés mundial. Como Uruguay es el único país que ganó títulos mundiales supremos fuera del marco «de la FIFA», es el único que se puso estrellas especiales, o como dicen algunos, «suplementarias». La moda de las estrellas fue iniciada por Brasil en 1968. La Confederación Brasileña de Deportes puso entonces sobre su escudo dos estrellas azules, y en 1970 agregó la tercera.

Siguieron otros campeones, y en 1991 Uruguay solicitó autorización a la FIFA para colocarse cuatro estrellas, lo que fue aceptado por escrito. Esta aceptación por la secretaría general de la FIFA, única instancia con autoridad sobre el tema, se reiteró trece veces hasta hoy, generándose una jurisprudencia definitiva.

En el año 2001 la FIFA instauró un Reglamento del equipamiento destinado a proteger sus marcas y a normalizar las vestimentas de los equipos durante la Copa del Mundo. Al principio el reglamento aceptó las estrellas como «estrellas de campeón», pero en las versiones posteriores se percibió la tendencia a apropiarse de la estrella hasta convertirla en símbolo de la «marca Copa del Mundo de la FIFA».

Se concluye

El problema es que según la propia FIFA, la Copa del Mundo fue siempre una categoría definida estatutariamente, una competición definida con ese nombre en los estatutos. Pero en los estatutos de la FIFA, el objetivo de la Copa del Mundo apareció recién en 1970. Entre 1904 y 1954, la FIFA solo se planteó el objetivo estatutario de «organizar el campeonato internacional», y entre 1954 y 1970 se propuso organizar «el Campeonato del mundo», agregando como subtítulo «Copa Jules Rimet». Es por lo tanto discutible que, desde un punto de vista histórico, las estrellas ganadas por Uruguay, Italia, Alemania, Brasil o Inglaterra entre 1930 y 1970 puedan corresponder realmente a «Copas del Mundo».

Aunque Jules Rimet quiso imponer esta denominación desde 1930 y en los congresos hizo uso de esta fórmula de manera frecuente, el hecho oficial es que no lo logró y que la denominación de «Copa del Mundo», como él mismo lo reconoció en la introducción de su libro *Historia maravillosa de la Copa del Mundo*, no se impuso en los afiches de los mundiales hasta 1982. Fue por lo tanto oficiosa.

Decir que a partir de 1930 los campeonatos del mundo fueron Copas del Mundo significa que se ha operado una recalificación retroactiva cuyo fundamento documental se desconoce. El desliz, en todo caso, no tiene base histórica indiscutible. Se constituye primero como una simplificación manejada por los servicios de la comunicación de la FIFA con el objetivo de romper con el pasado olímpico y apropiarse del mundial de 1930, salvado por la asociación uruguaya organizadora. Se afirma luego como una definición de los servicios comerciales que registraron la «marca Copa del Mundo» con ese punto de partida.

La tercera razón que autoriza las estrellas celestes es que, si no puede dejar de parecer correcto que los equipos que ganaron mundiales en la serie iniciada en Montevideo de 1930 lleven las correspondientes estrellas por esas legítimas victorias, no es aceptable que la Celeste se vea obligada a borrar dos campeonatos mundiales supremos de su palmarés. La FIFA, que se mostró creativa para recalificar los campeonatos de 1930 a 1970 como Copas del Mundo, podría imaginar una solución aceptable. Esa solución podría ser que la Celeste lleve estrellas de diferente color por sus victorias en diferente marcos. En tal caso, el Reglamento del equipamiento debería incluir una nota muy clara especificando el reconocimiento excepcional de los campeonatos olímpicos de 1924 y 1928 como «campeonatos del pasado» de valor equivalente a los mundiales actuales.

Nada indica por el momento que la presidencia de la FIFA esté dispuesta a implementar una salida de este tipo.

Contra las estrellas celestes

¿Cuáles son los relatos que se oponen a los mundiales supremos olímpicos y de qué manera lo hacen?

Los relatos son tres y emanan los tres de presidentes de la FIFA. Ninguno es verdaderamente oficial. La FIFA no tiene ni autoridad ni estructuras para elaborar relatos de historia. Los presidentes publican o hacen publicar, pero sus relatos se elaboran sin control y sin legitimidad.

El primer relato, fundador de la historia «oficial» de la FIFA, es la autobiografía que publicó Rimet en 1954, *Historia maravillosa de la Copa del Mundo*. Este libro ya ha sido estudiado detalladamente. Se trata de una fabricación «maravillosa», como lo adelanta el título, una linda impostura, destinada a dar una imagen correcta de la FIFA, muy buena de los ingleses y perfecta del autor, siempre en detrimento del pasado olímpico. Rimet brinda una ficción en la cual es él quien crea de punta a punta el gran mundial de fútbol en 1930, y todo lo anterior carece de valor.

La fuerza de este libro imaginario es su coherencia. Rimet retoma la leyenda inglesa de Juegos olímpicos desde siempre amateurs y elabora una oposición tajante que es la base de las mentiras actuales: Juegos igual amateurismo, FIFA igual universalismo. Para acreditar este esquema, se atreve a afirmar que la FIFA no tuvo nada que ver con los campeonatos olímpicos de la década del veinte, presentándose como un simple espectador de la final de Colombes y olvidando mencionar el torneo de 1928.

El montaje tiene tan escasa relación con lo que dicen los archivos que los libros presidenciales posteriores no tuvieron más remedio que arreglarlo como pudieron aunque manteniendo lo esencial: la FIFA creadora, la FIFA inventora, el mundial de la FIFA purificado de toda intervención olímpica. Y el mismo dogma como base: campeonatos olímpicos igual amateurismo, campeonatos de la FIFA igual universalismo.

El segundo relato fue el que hizo publicar el presidente Joseph Blatter en ocasión de los cien años de la FIFA. El libro se titula *1904-2004, el siglo del fútbol*. La narración relativa a la época pionera fue elaborada por historiadores franceses contratados. Retoma la línea general del libro de Rimet con una modificación. La FIFA no habría sido siempre una federación abierta. Habría atravesado una largo período embrionario, amateurista, que habría durado nada menos que un cuarto de siglo, un período «olímpico preparatorio», hasta que en 1930 logró abrir las alas y realizar su objetivo inicial: el gran campeonato del mundo.

En este libro francés, «amateurismo» equivale a infancia y Juegos olímpicos a preparación o prehistoria. Las tesis fundamentales siguen siendo que los campeonatos olímpicos fueron siempre amateurs por dictado del Comité Internacional; que la FIFA creó el mundial universal en 1930; que esto solo podía concretarse fuera de los Juegos. Los Juegos habrían sido una mera pasantía formadora para los dirigentes de la FIFA. Con esa óptica, Uruguay ganó dos campeonatos olímpicos embrionarios y otros dos que ocurrieron fuera del vientre olímpico precursor.

El tercer libro es el que salió en 2017, bajo la presidencia de Infantino. Fue publicado con la firma del Museo de la FIFA, redactado por un periodista inglés. Se titula muy exageradamente *Historia oficial de la Copa del Mundo de la FIFA*. El objetivo de este nuevo relato no es tanto afirmar la marca «Copa del Mundo» sino corregir la imagen de la nuevamente poderosa Football Association inglesa .

Como ya se ha mencionado, la nueva tesis es que el campeonato del mundo no fue creado por la FIFA sino por la Football Association en 1908 en el marco de los Juegos, y que por regla olímpica fueron amateurs. Como la FIFA era todavía un bebe, los ingleses la llevaron de la mano. Atravesó así su infancia olímpica hasta que pudo volar sola. Dice el relato que surgió entonces otro campeonato, el campeonato mundial abierto a todos, sin que el lector logre entender por qué los ingleses no lo jugaron.

La conclusión fundamental viene a ser la misma que la de los relatos anteriores aunque con un matiz secundario. Se jugaron mundiales desde 1908, pero hasta 1928 fueron mundiales amateurs, mundiales de la infancia, y recién a partir de 1930 mundiales abiertos, con verdadero valor supremo.

La conclusión común de todos estos textos es que no hay equivalencia de valor entre los campeonatos olímpicos ganados por Uruguay y los campeonatos que se organizaron a partir de 1930. Los campeonatos olímpicos, creados por el movimiento olímpico, no podían ser verdaderos campeonatos del mundo. Por consiguiente, la FIFA creó sola, y libre de la traba de los Juegos, el verdadero campeonato mundial en 1930.

¿Puede hacerse una crítica común de estos relatos?

Estos tres relatos llegan, con matices, al mismo resultado: el movimiento olímpico era intrínsecamente amateur; por lo tanto los campeonatos de fútbol en su seno fueron necesariamente amateurs por prescripción olímpica; y los campeonatos que ganó Uruguay en 1924 y 1928, mundiales o no, no fueron universales sino amateurs, inferiores al campeonato intrínsecamente universal creado por la FIFA en 1930.

La crítica común es pues, básicamente la misma. Los Juegos olímpicos pasaron por una época liberal que duró hasta 1930 y abarcó el campeonato olímpico de 1928. Durante esa época no hubo prescripciones olímpicas. Las condiciones de admisión de los atletas fueron decididas libremente por los poderes deportivos. De esto se deduce que la naturaleza abierta o amateur de los campeonatos olímpicos de fútbol de 1908 a 1928 fue decidida por las organizaciones futbolísticas en sus reglamentos olímpicos. Y estudiando dichos reglamentos se concluye que los campeonatos de 1908, 1912 y 1920 fueron amateurs y los campeonatos de 1924 y 1928 fueron abiertos.

La conclusión final es pues la que se viene exponiendo desde el comienzo de este libro: los campeonatos olímpicos de 1924 y 1928, cuya reglamentación y cuyas condiciones de acceso fueron fijadas en gran medida gracias a la acción de la presidencia francesa de la FIFA, fueron excepcionalmente mundiales y abiertos, es decir de valor exactamente equivalente a los campeonatos convocados por la FIFA a partir de 1930, que fueron, es verdad, intrínsecamente universales.

Pero lo que interesa ahora es explicar la permanencia de las falsedades fundamentales, que de relato en relato, y pese a que los archivos son muy fácilmente consultables, se han ido manteniendo, por no decir que se han ido afinando, agravando, perfeccionando.

La primera explicación, la que salta a la vista, es que todos estos relatos sirven un dogma, el dogma de un Rimet presidente de la FIFA como inventor del campeonato del mundo en 1930, a imagen de Coubertin inventor de los Juegos olímpicos modernos en 1894.

Y sin ninguna duda, todos estos relatos presentan para la FIFA la ventaja de establecer una separación tajante entre las dos grandes organizaciones deportivas, y en consecuencia, de purificar el campeonato del mundo verdadero presentándolo como propiedad exclusiva de la FIFA. El dogma funda una historia casi oficial que justifica el ejercicio de un poder monopólico y estimula la apropiación de realizaciones total o parcialmente ajenas. Es en el marco de ese proceso que se plantea el tema de los títulos uruguayos. Y no solo el de los dos primeros, que la FIFA injustamente rechaza. Sino también del tercero, el de 1930, campeonato del mundo «de la asociación uruguaya», salvado por la asociación uruguaya, que la FIFA presenta como la gran creación suya.

Esta separación simplista, supuestamente de principio, no cuadra con la realidad. La FIFA conoció una época amateur entre 1908 y 1920, y durante ese período el fútbol fue amateur. Por su parte, el movimiento olímpico fue neutro o liberal hasta 1930, dejando que el poder deportivo se hiciera cargo de definir los criterios de admisión de los deportistas mientras que él se limitaba a organizar y a recaudar.

Dicho esto, se constata que la víctima de estos relatos, esa víctima que defendemos aquí –Uruguay y sus estrellas–, es en realidad una víctima colateral, y que las principales víctimas desde el punto de vista de la historia son en realidad otras dos, de mayor envergadura.

La primera víctima es la FIFA misma, que se ve despojada del mérito de la obra de su presidente: la creación del campeonato olímpico abierto, en 1924 de acuerdo con Coubertin, en 1928 contra Baillet-Latour. La segunda víctima, la víctima principal, es Coubertin, y con él, toda la época liberal de los Juegos, la época dorada, que pasa por ser un movimiento aristocrático estrecho, conceptualmente caduco, que se presenta como la zona oscura del deporte, infestada por el amateurismo marrón y responsable del atraso del fútbol sometido a sus prescripciones.

La pregunta que se impone entonces es quién es el beneficiario de estas manipulaciones. Y la respuesta está en el último libro «de la FIFA», el libro del Museo: es el fútbol inglés. El libro de Rimet de 1954 y el libro de los cien años de 2004 ocultaron lo que Guérin denominaba «los errores de Inglaterra». Ocultaron la oposición de la Football Association a la existencia de la FIFA, el sabotaje contra el Campeonato de Europa, la asfixia de la FIFA hasta 1918, la tentativa de liquidación de la FIFA en 1919, el boicot contra el campeonato de la FIFA en 1928.

Y ocultaron sobre todo el hecho clave: que entre 1908 y 1930 la Football Association defendió la rebaja amateur del campeonato olímpico con un primer punto culminante: la rebaja de la FIFA misma en 1914 en Cristiania, y un segundo acto definitivo: la amateurización de los Juegos, contra Coubertin, liderada por el Comité Olímpico Británico y el boicot apoyado por el fútbol inglés contra el torneo de 1928.

Como lo certifican las actas de los congresos olímpicos de 1925 y 1930, fue el Comité Olímpico Británico, liderado por lord Gerald Cadogan, ex-agente de los servicios especiales ingleses en Sudáfrica durante la guerra de los bóeres, que promovió la amateurización de los Juegos. Igualmente, fue el boicot intentado contra el campeonato de fútbol de 1928 por el Comité Olímpico Británico que condujo a que la Football Association se fuera de la FIFA. Esto nos enseña que, después de someterse ella misma a su comité olímpico, la Football Association intentó englobar al conjunto del fútbol mundial representado por la FIFA en el nuevo y caduco Código olímpico que tiró hacia abajo a la totalidad del deporte mundial.

¿La ausencia de los ingleses en los campeonatos puede disminuir el valor de los títulos durante ese largo período inicial?

Ciertos historiadores franceses dicen eso. Pero entonces se devaluarían todos los campeonatos mundiales de fútbol hasta el de 1950. Sería el colmo, porque después de la rebaja inglesa por amateurismo, se aplicaría una rebaja inglesa por abstencionismo.

En realidad, después de la Primera Guerra Mundial, el seleccionado inglés ya era malo. En el British Home Championship se mostraba inferior a Escocia, a Irlanda y hasta inferior a Gales, y en sus giras internacionales tampoco dominaba. Por otra parte, los que declaran que, aunque Uruguay e Italia ganaron los mundiales, los mejores seguían siendo los ingleses, están refiriéndose al fútbol como si se tratara de un concurso de belleza, no de un juego que designa al mejor con los resultados de la cancha.

En fútbol, por definición, el mejor es el que domina al cabo de una serie de partidos organizados en un sistema que puede ser de campeonato o de copa. Y los que no participan porque prefirieron abstenerse, se niegan a cumplir con el primer requisito de un juego que es querer jugar. El que no quiere jugar, el que no quiere competir, no puede ganar. No puede ser mejor porque está «fuera del juego».

Los dirigentes ingleses siempre insinuaron que su fútbol superaba cualquier «imitación». Lo dijeron en 1904 cuando se creó la FIFA, lo reiteraron treinta años después proclamando que su British Home era mejor campeonato del mundo que el de la FIFA en Roma.

Pero no fueron los únicos en emplear la técnica del «no vale porque nosotros no jugamos». También lo hicieron dirigentes de Europa central en 1928, italianos y alemanes en 1930, y argentinos en 1950. Así, con este método aberrante, siguen siendo negadas o devaluadas hasta hoy prácticamente todas las victorias mundiales de la Celeste. Y no creo equivocarme escribiendo aquí que no se han oído dirigentes uruguayos pretextar las abstenciones de su equipo en Roma en 1934 o en París en 1938 –que fueron asumidas– para desacreditar los títulos ganados por Italia.

Actualidad

¿Cómo se relaciona todo esto con lo que pasó recientemente cuando la FIFA quiso sacarle dos estrellas a Uruguay?

Durante todos estos años, la asociación uruguaya se ha dejado maltratar. Fue intervenida en 2018 por la FIFA con el argumento de que los jugadores no estaban debidamente representados en las instancias ejecutivas. Corresponde indicar que salvo la asociación española, las demás en Europa –Francia o Inglaterra por ejemplo– no ofrecen ningún tipo de poder decisivo a los futbolistas.

La intervención fue una manera de quebrar la rebeldía que quedaba en la asociación uruguaya, una rebeldía que en la época de los informes oficiales de 1924 y 1928 no era otra cosa que lealtad. Al aceptarse la intervención, se aceptó el sometimiento, que con el sistema paternalista de la FIFA actual, como lo explicó Michel Platini, se ha vuelto general.

Recuerdo que en 2012, cuando empecé mis trabajos en la biblioteca de la Federación Francesa de Fútbol y descubrí que esta entidad había creado y festejado el Torneo Mundial universal del fútbol en 1924, tuve un intercambio con el responsable de la comunicación, Xavier Thébault. Le pregunté entonces por qué la federación francesa no escribía su verdadera historia, por qué no rescataba con orgullo su obra mundialista, por qué en sus libros consideraba el campeonato de 1924 solo como un campeonato olímpico menor. Y muy simpáticamente me contestó: «Eso tiene que hacerlo usted; nosotros no podemos ir contra la FIFA».

Así, en su voluntad de dominar, monopolizar, uniformizar y someter todo a su control y a su poder, proceso que empezó a desarrollarse hace medio siglo, puede considerarse que la reciente tentativa de la FIFA para arrebatarle a Uruguay sus dos primeras estrellas se inscribe en una continuidad lógica, con el antecedente de aquella intervención, y otros más remotos visibles en el Reglamento del equipamiento.

Pero no es posible ir más allá en las interpretaciones si no se establecen previamente los hechos de actualidad tal cual ocurrieron y que finalmente no se terminaron tan mal.

A comienzos de julio de 2021 el servicio marketing de la FIFA hizo llegar a la empresa alemana Puma un Email que, con el aval de Gianni Infantino, exigía que antes de fin del mes se retiraran dos estrellas en las camisetas de la selección uruguaya. Puma comunicó inmediatamente la intimación a la empresa Tenfield que supervisa el equipamiento celeste y posee los derechos de imagen de la selección uruguaya. Tenfield transmitió el pedido de la FIFA a la asociación uruguaya a comienzos del mes de agosto, después de vencido el plazo.

Apenas conocido el asunto por la directiva de la asociación uruguaya, algunos dirigentes comunicaron precipitadamente a la prensa la intención de acatar la orden, de modificar la camiseta y de discutir sobre el fondo en paralelo. Las declaraciones cayeron mal y motivaron la reacción de otros dirigentes menos ligados a la FIFA que se expresaron entonces indicando que no se cambiaría nada y se defendería la verdad.

A la par de este desorden, se desencadenó en la prensa escrita y radial un coro de protestas contra la amenaza de la FIFA. Casi todas emanaban de la asociación de periodistas del fútbol, AHIFU, y empleaban la misma argumentación histórica: en su congreso de Cristiania de 1914, la FIFA había decidido que los campeonatos olímpicos de fútbol serían considerados como campeonatos del mundo de los amateurs y eso hasta tanto se lograra organizar el campeonato del mundo propio.

La persistencia y omnipresencia de esta posición errada motivó otras intervenciones en favor de una visión más acorde con el conocimiento. Se generó entonces un debate por vía de prensa. El antagonismo resultó evidente ya que, según los miembros de la asociación de periodistas, los títulos uruguayos eran equivalentes solo en la dimensión mundial. Enunciaban en realidad exactamente la misma posición que la que estaban manejando la presidencia de la FIFA y su Museo para sustentar la ilegitimidad de las dos primeras estrellas. Afortunadamente, la polémica se desplazó pasando a primer plano la ilegalidad del trámite de la FIFA.

Según el reglamento del equipamiento, único texto oficial que se refiere al uso de las estrellas, un trámite de este tipo solo puede emanar de la secretaría general y debe ser enviado directa y exclusivamente a la presidencia de la asociación nacional incriminada. Por otra parte, debe acompañarse de una notificación escrita clara y de un documento aparte con los argumentos que sustentan el rechazo.

Ninguna de estas cuatro condiciones se cumplía.

El trámite firmado por la FIFA marketing violaba las prerrogativas de la secretaria general de la FIFA, Fatma Samoura. El correo había sido enviado a los servicios jurídicos de una empresa alemana privada y no a la presidencia de la asociación uruguaya. No estaba acompañado de ninguna notificación oficial y tampoco se evocaban en el pedido las indispensables explicaciones que exige el reglamento.

Como consecuencia del trabajo de sensibilización efectuado, la presidencia de la asociación uruguaya protestó ante la FIFA, abriéndose entonces, objetivamente, un litigio. Intercambios más o menos formales entre la presidencia de la FIFA y la presidencia de la asociación uruguaya condujeron en pocas semanas al apagamiento del tema.

El 30 de septiembre de 2021, la directiva de la asociación uruguaya publicó el comunicado que cerró el episodio. Indicó entonces que la FIFA autorizaba la selección uruguaya mayor masculina a continuar exhibiendo cuatro estrellas «que simbolizan las medallas de oro conseguidas en los Juegos olímpicos de 1924 y 1928 y los mundiales de 1930 y 1950».

La decisión adoptada fue ambigua. La presidencia de la FIFA aceptó las cuatro estrellas sin reconocer el contenido excepcional de los dos títulos olímpicos uruguayos como mundiales absolutos, sellando un «acuerdo» insuficiente y equívoco.

Uruguay ganó efectivamente dos medallas de oro olímpicas en 1924 y 1928. Pero lo que justifica sus estrellas no es eso, sino el hecho que no son medallas de oro comunes, son medallas de oro excepcionales que simbolizan títulos mundiales universales. Esas medallas de oro son por lo tanto diferentes en calidad y valor de todas las otras medallas de oro conquistadas antes y después por otros equipos.

La asociación uruguaya no comunicó sobre las motivaciones de fondo que llevaron a que la presidencia Infantino encarara este trámite sorprendente después de que las sucesivas secretarías generales aprobaran las cuatro estrellas celestes durante treinta años. La opinión uruguaya sigue ignorando la realidad de lo sucedido así como el valor muy relativo de la solución encontrada.

¿Cuál fue entonces el problema de fondo?

Cuando la intimación enviada por la FIFA a la empresa alemana Puma fue dada a conocer públicamente, la opinión uruguaya creyó que el cuestionamiento venía por el lado histórico. La presidencia de la FIFA, que no reconoce francamente en ninguna parte las dos primeras estrellas uruguayas como equivalentes a las estrellas de la Copa del mundo, habría querido sacarle símbolos a Uruguay apoyándose en su propio relato histórico. Esta interpretación se reveló rápidamente equivocada.

El estudio de los textos de la FIFA y el análisis del trámite que la FIFA marketing dirigió a los servicios jurídicos de Puma indican que la acción de la federación internacional era de índole puramente comercial. Los anteriores secretarios generales consultados confirmaron que el Reglamento del equipamiento no tiene proyección histórica. Desde su primera versión en 2001, su objetivo fue proteger el uso de las marcas registradas y los derechos de imagen de la FIFA durante su Copa del Mundo.

Y esto se verifica plenamente en las disposiciones relativas a los casos de litigio. Si la secretaría general de la FIFA cuestiona un equipamiento, debe argumentar su posición. La presidencia de la asociación nacional incriminada puede entonces apelar. En tal caso, una decisión definitiva es adoptada por la llamada Comisión de mercadotecnia –también denominada Comisión de marketing y televisión–, que nada tiene que ver con el conocimiento de la historia.

Esta comisión tampoco se relaciona con el departamento de la FIFA marketing, que es una estructura interna, ligada a la presidencia, y sin legitimidad futbolística internacional. Actualmente, la FIFA marketing se ve sometida a una fuerte presión. Se le exige extender a toda costa la protección de la llamada «marca Copa del Mundo», ampliando infinitamente su radio de incidencia a cualquier elemento visual o textual que se le refiera.

Fue en ese contexto de agresividad comercial que la FIFA marketing denunció las dos estrellas uruguayas, considerando que se refieren a títulos del pasado, fuera del período de las Copas del mundo que comienza en 1930. Siempre la idea monopólica de que solo cuentan los campeonatos mundiales de la FIFA, no los campeonatos mundiales del fútbol en general, pero no planteada desde el punto de vista del «debate histórico» sino desde el punto de vista muy distinto de la verdad comercial.

Sobre el monopolio supuesto de la FIFA en materia de campeonatos mundiales, interesa aclarar un punto de historia que aún no se ha evocado. En 1904, la FIFA anotó en sus estatutos que solo ella «tiene derecho a crear el campeonato internacional». Esta frase, en aquél entonces, no era monopólica. Quería decir que el campeonato de Europa proyectado entonces por la FIFA debía ser decidido y organizado por el congreso, no aisladamente por una asociación. Pero no se oponía a que otros campeonatos internacionales que no eran el de la FIFA, como el British Home Championship o el campeonato olímpico, fueran organizados por otros.

Por otra parte, ese artículo 9 de la primera constitución fue objetivamente liquidado por la presidencia inglesa dos años después cuando impuso a la FIFA el principio según el cual ya no se organizaría ningún campeonato. Y en 1914 se anuló por completo cuando el congreso de la FIFA rechazó el ejercicio del poder olímpico y manejó la posibilidad de reconocer el campeonato olímpico como campeonato mundial.

El hecho actual es que la orientación monopólica más reciente de la FIFA lleva a que su servicio de Marketing considere las dos primeras estrellas celestes como comercialmente falsas, una «*contrefaçon*» como dicen los franceses, un poco como los cocodrilos Lacoste que venden los gitanos en las plazas de Lisboa. En la búsqueda obsesiva de cualquier fuente de financiamiento que pueda originar la marca, la FIFA marketing atacó pues muy lógicamente a Uruguay sobre este punto.

El problema se presentó cuando quedó claro que, después de ciertas hesitaciones, la asociación uruguaya no iba a ceder, que la opinión no la dejaría, y que se entraba entonces en una fase de litigio. Es que la famosa Comisión de mercadotecnia, que a esa altura debía hacerse cargo del asunto, fue disuelta poco después de la expulsión de su creador, el secretario general francés Jérôme Valcke. Hace cinco años que la mencionada comisión dejó de existir. Y aunque sigue figurando en los reglamentos, la FIFA ya no está en condiciones legales de resolver los litigios.

La presidencia de la FIFA no tuvo otra salida que abandonar una acción tácticamente mal encarada. El abandono del trámite por la presidencia no obedeció a una verdadera voluntad de reconocimiento sino a la impasse en la cual se encerró sola. Esto explica el pacto que sellaron las presidencias de la FIFA y de la asociación uruguaya, que consistió en no divulgar los pormenores de un caso que dejaba muy mal parada a la federación internacional.

¿En qué sentido ciertos periodistas uruguayos no supieron defender la posición uruguaya que emana de los informes del pasado?

Cómo se ha señalado, durante el conflicto que opuso a la FIFA con la asociación uruguaya, cantidad de periodistas uruguayos miembros de la asociación AHIFU expresaron en los medios de comunicación y en las redes sociales argumentos equivocados, y hasta contraproducentes. No interesa aquí entrar en detalles ni estudiar las variantes de las posiciones expresadas, que dependieron mucho del grado de improvisación de cada uno. Basta con referirse a la raíz teórica generadora de estos errores que se haya expuesta en el libro *100 años de gloria* publicado para los 100 años de la asociación uruguaya en el correr del año 2000.

Que se entienda bien: no se trata aquí de incriminar a un autor que, desde aquella época, hace más de veinte años, ha podido actualizar debidamente su posición. Se trata únicamente de ir a la raíz de una interpretación anclada en el medio periodístico uruguayo, porque ha leído ese libro, porque se ha basado en ese libro, porque continúa creyendo que lo que decía ese libro referente sigue siendo históricamente válido.

En el capítulo denominado «No existen dudas: Uruguay es cuatro veces campeón del mundo», la mencionada obra sostiene que «en el congreso de Cristiana de la FIFA de 1914 se aceptó una moción que rezaba: bajo la condición de que el torneo olímpico de fútbol se organice en concordancia con el reglamento de la FIFA, la competición será reconocida como campeonato mundial de los aficionados. Es tan trascendente lo que expresa la FIFA en esta afirmación que, analizando el tema con la luz que le otorga el paso de los años, los hechos posteriores se encargaron de dar fuerza a la unión conceptual de lo que expresa la resolución: el campeonato olímpico era considerado el campeonato mundial de los aficionados.»

Prosigue así el autor:

«Vigente la resolución de la FIFA de 1914 propuesta por el entonces delegado francés Rimet, organizando oficialmente la FIFA por primera vez el torneo olímpico de París, ahora con el propio Rimet como presidente, Uruguay se consagró primer campeón mundial de aficionados, idéntica categoría que se mantiene en 1930 cuando Uruguay organizó la primera Copa Mundial de la FIFA y se consagró por tercera vez campeón del mundo. Al agregar en 1950 otro título de campeón del mundo, no pueden existir dudas sobre la legitimidad, avalada oficialmente por la documentación de la propia FIFA, con respecto al reconocimiento de Uruguay como primer país en consagrarse cuatro veces campeón del mundo.»

¿Qué dice en sustancia el texto? Que Uruguay no ganó dos campeonatos del mundo amateurs sino tres, incluyendo el de 1930. Y si esta tesis fuera cierta, debería acarrear el retiro ya no de dos sino de tres estrellas.

Llevado por su deseo de demostrar su creencia, el autor se perdía entonces en improvisaciones cometiendo una seguidilla de errores. Así, no fue «el delegado francés» quien propuso la resolución de Cristiania sino el suizo Paul Buser, obedeciendo a la presidencia inglesa. Y no se trataba de una moción positiva sino de una contramoción reaccionaria, opuesta a la moción inicial holandesa, progresista, presentada por Hirschman. Reaccionaria porque mantenía la rebaja amateurista caduca. Reaccionaria sobre todo porque, como lo argumentó el presidente Woolfall, apuntó a separar a los amateurs de los profesionales, y a hacer de la FIFA, no la federación de todos los futbolistas, sino una federación estrecha limitada al desarrollo del fútbol amateur.

Tampoco se refiere la resolución votada a «los reglamentos de la FIFA» sino, más exactamente –las palabras aquí tienen mucha importancia– a «las reglas y deseos», que son de orden interno, asociativo, y que no rigen ningún campeonato. Igualmente el autor comete el error de creer que esta resolución de Cristiania revestía un carácter automático. Como lo expresa el texto, su aplicación efectiva dependía de la implementación previa de una auditoría que nunca se realizó.

La auditoría debía pronunciarse sobre los «reglamentos deportivos» que otros redactarían, que regirían verdaderamente los torneos olímpicos y definirían su verdadera naturaleza. La FIFA daría entonces su opinión, favorable o no, opinión que establecería el posicionamiento de la FIFA, la compatibilidad o no entre los deseos de la FIFA y el reglamento ajeno, pero no la naturaleza propia del campeonato que seguiría siendo determinada por su propio reglamento deportivo.

Supongamos un torneo olímpico de fútbol con reglamento abierto como el que se dio en 1924. ¿Qué habría pasado en caso de aplicarse la auditoría propuesta en la resolución de Cristiania? Habría resultado completamente absurdo que ante la realidad de un campeonato abierto, así establecido por su presidente, la FIFA reconociera el campeonato como amateur. Se habría constatado entonces la imposibilidad de realizar la mencionada auditoría, o se habría decidido que el campeonato no correspondía a los deseos de amateurismo de la FIFA, evidenciándose entonces la división interna y la persistencia de un profundo atraso.

Tiene sentido observar que la resolución de Cristiania, establecida en el momento exacto en que el mundo del fútbol dejó de ser amateur y pasó a ser masivamente no amateur o profesional, fue un muro, un freno, un atraso, y que fue además la expresión ideológica de una retaguardia conceptual, visceralmente opuesta a los modelos futbolísticos clásicos. Y ese atraso en los principios, que la resolución de Cristiania ya tenía en 1914, se fue agravando con el tiempo hasta volverse dramáticamente absurdo durante la década del veinte a medida que el fútbol no amateur se profesionalizó completamente en América del Norte, en América del Sur y en Europa continental.

Corresponde recordar también el contexto real.

Entre el 15 y el 21 de junio de 1914, el congreso olímpico reunido en París bajo la dirección de Coubertin propuso a las federaciones internacionales que, en adelante, se hicieran cargo directamente de los campeonatos olímpicos asumiendo los poderes deportivos, reglamentándolos técnicamente y fijando las condiciones de admisión de los participantes. La medida debía poner fin a la inestabilidad que presentaba el sistema vigente en el cual las asociaciones nacionales sede imponían al resto del mundo sus caprichos técnicos y sus manipulaciones clasistas.

El 27 de junio, una semana después de adoptadas las progresistas decisiones olímpicas, el secretario general de la FIFA, Carl Hirschman, propulsado por la contraofensiva anti-inglesa que los delegados alemanes desencadenaron en 1912, presentó ante el congreso de la federación una moción para que el torneo olímpico de fútbol pasara a ser considerado como el campeonato internacional de la FIFA en el sentido de su artículo 22, es decir, que se lo pusiera bajo control y reglamentación de la federación internacional.

Los mismos delegados ingleses que habían saboteado el proyecto de campeonato internacional de Guérin nueve años antes, volvieron a oponerse a la propuesta entendiendo que la FIFA no debía asumir tareas deportivas de ningún tipo. Y como penitencia por el atrevimiento holandés, oficializaron la rebaja amateur de la federación misma. El campeonato seguiría siendo reglamentado fuera de la FIFA según los criterios que dispondrían otros poderes. La FIFA y sus asociaciones –por lo menos cuando actuaran dentro del marco de la FIFA–, seguirían siendo el furgón de cola del fútbol mundial.

Rimet escribió que la nefasta resolución de Cristiania fue letra muerta, que al mes de votada se declaró la guerra y que al salir de la guerra había sido olvidada por completo. En realidad, la liquidación de la resolución amateurista de 1914 y de aquella FIFA atrasada fue un proceso muy lento, más complicado y más deliberado que lo que contó Rimet.

Para empezar, se dio el torneo interaliado. Y allí, fueron los futbolistas solos, fuera de toda directiva de sus asociaciones y fuera de la FIFA, que adhirieron plenamente al reglamento abierto. Siguió en 1921, el congreso olímpico de Lausana. Y allí fue Rimet en persona quien puso fin, en su calidad de presidente plenipotenciario de la FIFA, a las prescripciones de Cristiania. Aceptó que en adelante la FIFA asumiera parte de los poderes deportivos, lo que anuló el «reconocimiento a distancia»; aceptó también que la FIFA firmara el reglamento del torneo olímpico, lo que anuló la implementación de auditorías y dejó en suspenso la definición de los «deseos y reglas». Así, Rimet logró en 1921 lo que Hirschman no pudo obtener en 1914: hizo del campeonato olímpico el campeonato internacional de la FIFA.

La liquidación definitiva se produjo finalmente en enero de 1924 cuando, en su calidad de presidente de la FIFA y presidente del tribunal de reclamos, pero también en su calidad de presidente de la federación francesa y vicepresidente del Comité Olímpico Francés, Rimet se dio el lujo de aprobar el reglamento abierto del torneo olímpico de París que le propuso la comisión técnica de acuerdo con el pedido de universalidad que le formulaba Coubertin.

El historiador puede llegar a considerar que la resolución de Cristiania siguió vigente como texto votado por el congreso, pese a la acción esclarecida encarada por Rimet desde su elección, argumentando que dicha acción fue solitaria. Pero en tal caso hay que asumir las consecuencias y anotar que la FIFA se dividió entonces entre un presidente avanzado y una base atrasada; entre un fútbol representado por Rimet y un aparato internacional desconectado, superado, inútil.

Rimet enterró con honores el pasado amateurista de la FIFA en el congreso de 1924. Hizo aprobar un comunicado reconociendo la presencia masiva de profesionales en «los equipos olímpicos más puramente amateurs». Y esta posición se volvió límpida en 1925, cuando el congreso votó el texto estatutario clave autorizando la libre composición de los seleccionados nacionales con amateurs, no amateurs y profesionales.

¿Da satisfacción la respuesta de la FIFA en tanto es oficial?

Para cierta opinión y para muchos periodistas, el comunicado de la asociación uruguaya certificando el mantenimiento de las cuatro estrellas cierra el tema. Es que en cierto medio, el problema se ha venido planteando de una manera particular. No se trataba tanto de entender qué había pasado, sino de saber qué dice la FIFA. En consecuencia, la idea que se instala ahora es que la FIFA acepta las estrellas porque ya las había aceptado antes, en cierto modo desde 1914. La paradoja es que esto, en vez de hacer avanzar el conocimiento, incrusta el error.

La FIFA de 1924 y 1928 no proclamó nunca de manera franca, abierta y entusiasta que reconocía los campeonatos olímpicos de 1924 y 1928 como campeonatos del mundo universales. Si eso hubiera sucedido, sería muy sencillo poner sobre la mesa los documentos que lo certifican. Pero esos documentos no existen, y es vano tratar de fabricarlos artificialmente partiendo de resoluciones anteriores, por lo demás negativas.

Si la FIFA no se pronunció en aquél entonces como debió hacerlo una verdadera federación internacional universalista, no fue, como dice la FIFA actual, porque los campeonatos eran de poco valor. Los campeonatos eran altos, de máximo valor. Lo que carecía de altura en aquellos tiempos era la federación internacional, que arrastraba años de letargo y amateurismo, mucha confusión y mucha división.

Para reconocer esa realidad, la FIFA debería revelarse capaz de un poco de autocrítica. Pero no es así que funciona. De este modo, el ¿qué dice la FIFA? tiende a ocultar este punto esencial en la comprensión histórica: que en la década del veinte –y esto siguió siendo así en la década del treinta–, la FIFA no fue avanzada sino atrasada, no fue vanguardia sino retaguardia. Y en ese contexto, la vanguardia se compuso desde el fútbol y como se pudo.

Cantidad de países participantes en las rondas finales de los campeonatos mundiales supremos del fútbol

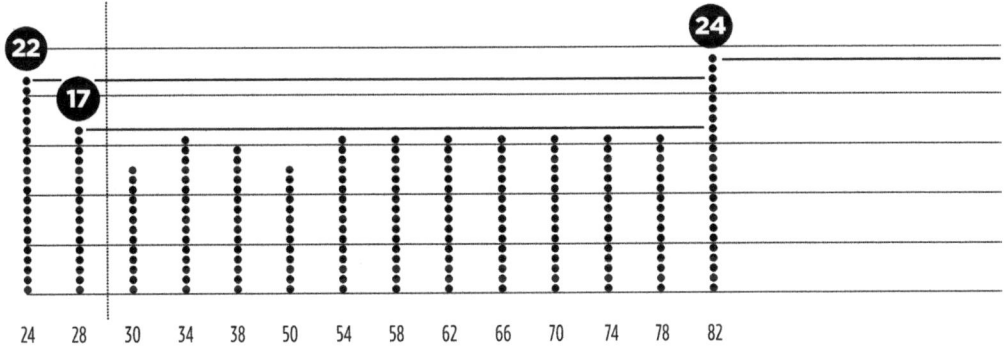

A la inversa de lo que se anunció, la creación en 1930 del campeonato del mundo de la FIFA marcó una baja durable de la cantidad de participantes en una ronda final. El récord batido en 1924 –22 países– fue igualado recién en 1982 en la Copa del Mundo de España. Hasta 1928, la participación en el campeonato de los Juegos olímpicos fue libre, abierta a todos los países, sin eliminatorias ni cupos por continente. La baja de 1930 se explica por el boicot masivo de las asociaciones europeas. Y a partir de 1934, por las limitaciones que la FIFA puso para la ronda final, la reacción abstencionista sudamericana, y salvo en 1950, por el sistema de cupos muy desfavorable a América. La cifra 15 –y no 16– de 1938 se explica por la ausencia de la selección de Austria, absorbida por Alemania tres meses antes del inicio del campeonato del mundo, sin objeción por parte de la FIFA.

Cantidad de continentes representados en las rondas finales de los campeonatos mundiales supremos del fútbol

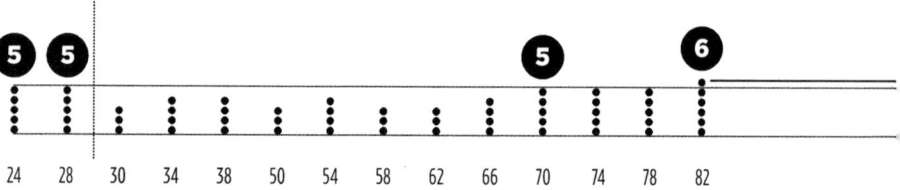

En 1924 y 1928 participaron selecciones de cinco continentes deportivos: Europa, Asia, África, América del Norte y América del Sur. Con la creación del campeonato del mundo de la FIFA en 1930, esta representatividad bajó durablemente. Recién en 1970 en México se igualó la representatividad continental alcanzada por los mundiales olímpicos y se la superó en 1982 en España alcanzándose entonces una representatividad completa con participación de un equipo de Oceanía, Nueva Zelanda.

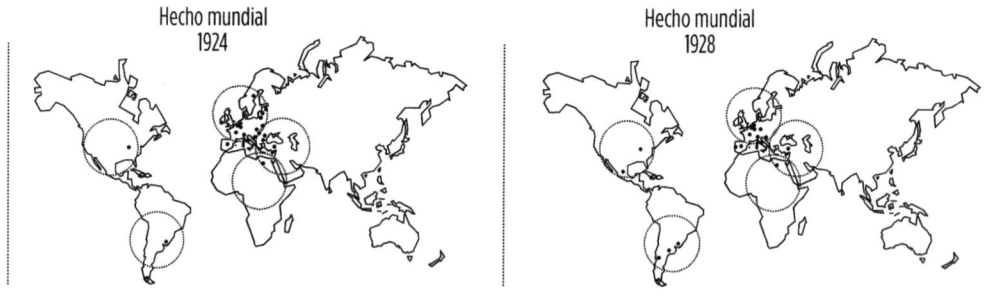

Cantidad de continentes representados en el cuerpo arbitral de los campeonatos mundiales supremos del fútbol

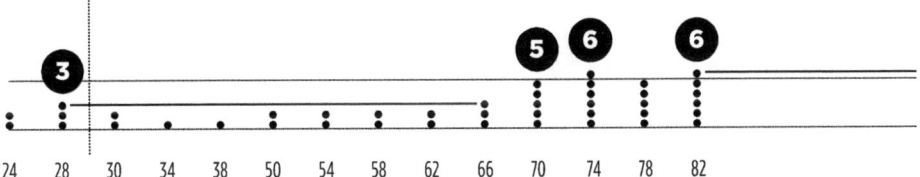

En 1924, por razones de desarrollo no deliberadas, se presentaron solo árbitros de Europa más un egipcio. En 1928, el cuerpo arbitral se mundializó plenamente, con la participación del mismo árbitro egipcio más jueces de Argentina y Uruguay. En 1934 y 1938, para calmar a Italia y a todos los dirigentes que reclamaban una Copa de Europa que la FIFA les negaba, Rimet decidió componer el cuerpo arbitral con jueces exclusivamente europeos. La idea fue organizar un campeonato intermedio: con apariencia y nombre de mundial pero fuertemente europeizado. Recién en 1966, con la participación de un árbitro israelí y otro árabe, se logró igualar la representatividad de 1928. En 1974 y 1982 fueron invitados árbitros de Australia.

Cantidad de países que cruzaron el Atlántico para jugar una ronda final de un campeonato mundial supremo del fútbol

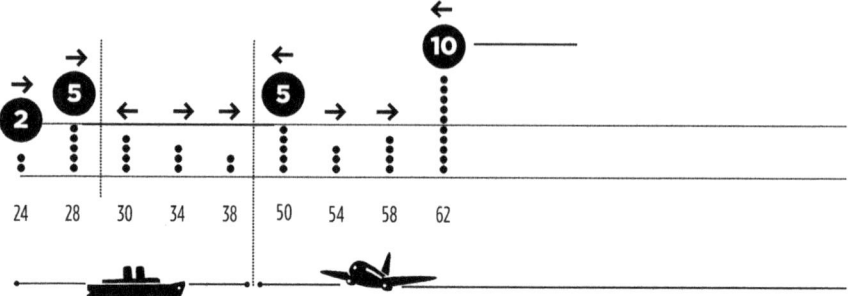

El cruce del Atlántico significó, hasta pasada la Segunda Guerra Mundial, el acto mayor en la creación del hecho deportivo mundial. Era mundial el encuentro entre Viejo y Nuevo Mundo, y para eso había que cruzar el océano. El récord de cinco cruces batido en 1928 en el sentido América hacia Europa fue igualado en 1950, con cinco cruces en el otro sentido. La travesía se hizo entonces en avión en menos de un día, mientras que en 1928, el equipo de Estados Unidos había puesto una semana en llegar a Ámsterdam, el de Uruguay dos y el de Chile tres. Para el campeonato mundial de 1962 disputado en Chile, viajaron diez equipos europeos, una cifra que corresponde a la totalidad del cupo del Viejo Mundo sobre los dieciséis equipos de la ronda final.

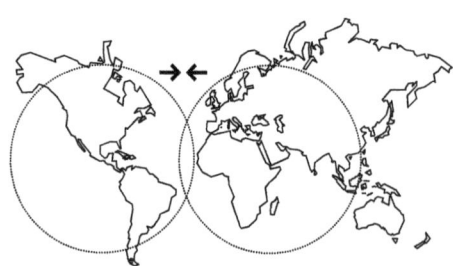

Estatuto reglamentario de los campeonatos olímpicos entre 1908 y el día de hoy

Era olímpica liberal		Era olímpica amateur
Campeonatos europeos amateurs reglamentados por el fútbol	Campeonatos mundiales abiertos reglamentados por el fútbol	Campeonatos amateurs limitados por el movimiento olímpico

• 1908 • 1912 • 1920 — • 1924 • 1928 — • 1936 • 1952 • 1956 • 1960 • 1964

La era de los Juegos liberales, sin restricción amateur, se extendió hasta 1930. Durante ese largo período se disputaron cinco campeonatos olímpicos que fueron libremente reglamentados por el fútbol. En 1908, 1912 y 1920 los reglamentos fueron amateurs; en 1924 y 1928 fueron abiertos. En 1908 reglamentó la asociación inglesa, en 1912 la sueca, en 1920 la belga. En 1924 reglamentó la asociación francesa con el consentimiento de la FIFA. En 1928 reglamentó directamente la FIFA. En 1932 los Juegos entraron en la era amateur. En 1936 los campeonatos olímpicos de fútbol retomaron y fueron limitados por el Código del amateurismo. Esto, sumado al sacamiento del verdadero campeonato del mundo abierto fuera de los Juegos, hizo del campeonato olímpico un campeonato del mundo de tercera categoría.

Objetivos fijados en los sucesivos estatutos de la FIFA en materia de organización de su campeonato

Contrariamente a lo que la FIFA expresa hoy en defensa de su marca comercial, el objetivo de crear la Copa del Mundo apareció recién en los estatutos en 1974. A partir de esa fecha las asociaciones que componían la federación internacional aceptaron plenamente una denominación que se volvió oficial y que Rimet no había logrado imponer durante su mandato. Entre 1904 y 1954, la FIFA limitó su objetivo estatutario a la muy vaga perspectiva de «organizar el Campeonato Internacional». El objetivo se cumplió muy modestamente y con muchas marchas atrás entre 1924 y 1938. La indeterminación del objetivo da la pauta del atraso conceptual de la FIFA de ese entonces. Evidencia la confusión intelectual deliberadamente mantenida por la presidencia Rimet entre campeonato mundial y campeonato europeo, con la intención de impedir el surgimiento de una Copa «internacional» de Europa. La misma confusión condujo a la europeización de los campeonatos mundiales de 1934 y 1938, disputados con cuerpo arbitral y tribunal de reclamos exclusivamente europeos. El campeonato de Europa, que debió comenzar en 1905, apareció finalmente en 1960, 55 años después.

Campeonatos internacionales abiertos de fútbol (1884-1970)

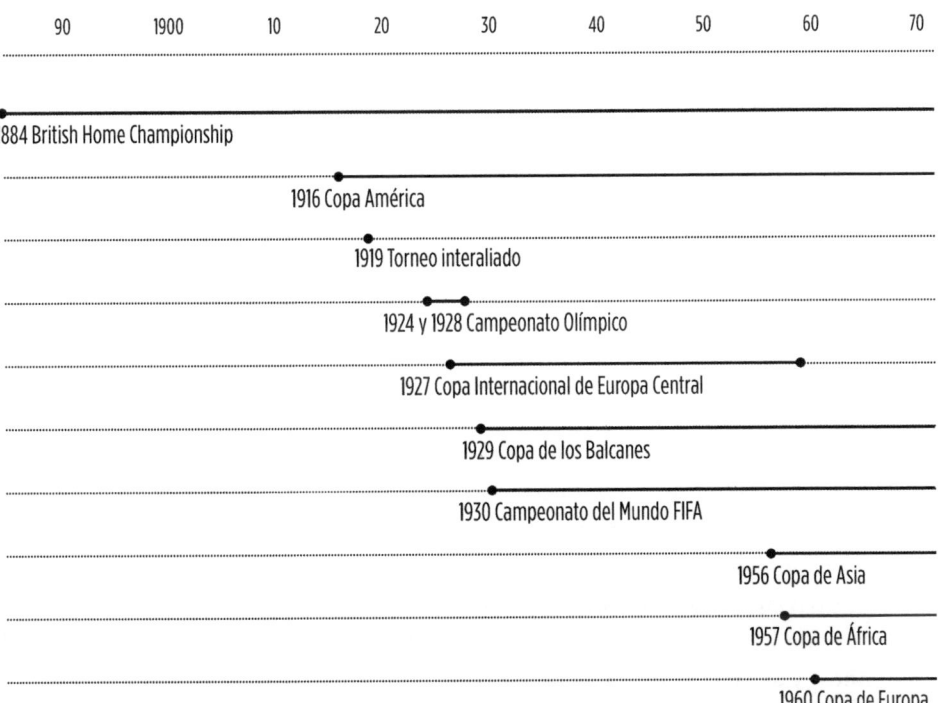

El fútbol tuvo siempre profesionales que solían ser los mejores jugadores de la nación. Es por eso que el gran fútbol internacional, entre los mejores de cada nación, fue siempre abierto a todas las categorías de futbolistas. Después del campeonato británico creado en 1884, que sirvió de modelo, surgieron gran cantidad de campeonatos abiertos, regionales, continentales y mundiales, que estructuraron el fútbol internacional del planeta.

Aprobaciones escritas de las cuatro estrellas celestes por la secretaría general de la FIFA

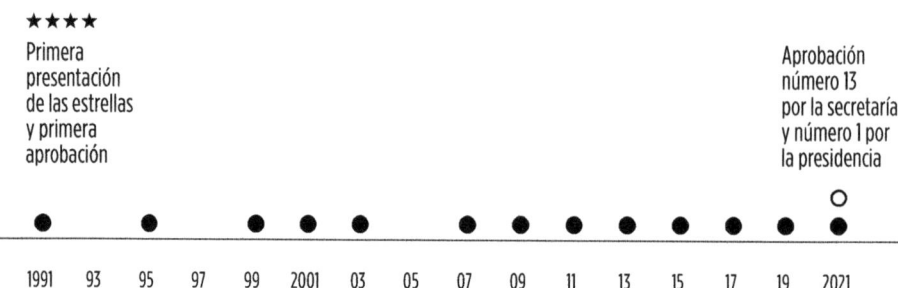

Desde 1991, la secretaría de la FIFA controla la vestimenta de los equipos que disputan las eliminatorias y la ronda final de la Copa del Mundo. Han pasado treinta y dos años desde que Uruguay pidió por primera vez autorización para poner cuatro estrellas de campeón mundial en su camiseta y obtuvo su primera autorización escrita. Esta autorización se renovó a cada vez que Uruguay jugó las eliminatorias de la Copa del Mundo (cada cuatro años) y a cada vez que logró calificarse para la ronda final. Así, la secretaría general de la FIFA aprobó trece veces por escrito las estrellas celestes. En el correr del año 2021 se agregó la aprobación turbulenta, pero al parecer definitiva, del presidente Gianni Infantino.

Niveles de deportividad mundialista en los campeonatos mundiales supremos del fútbol entre 1924 y 1950

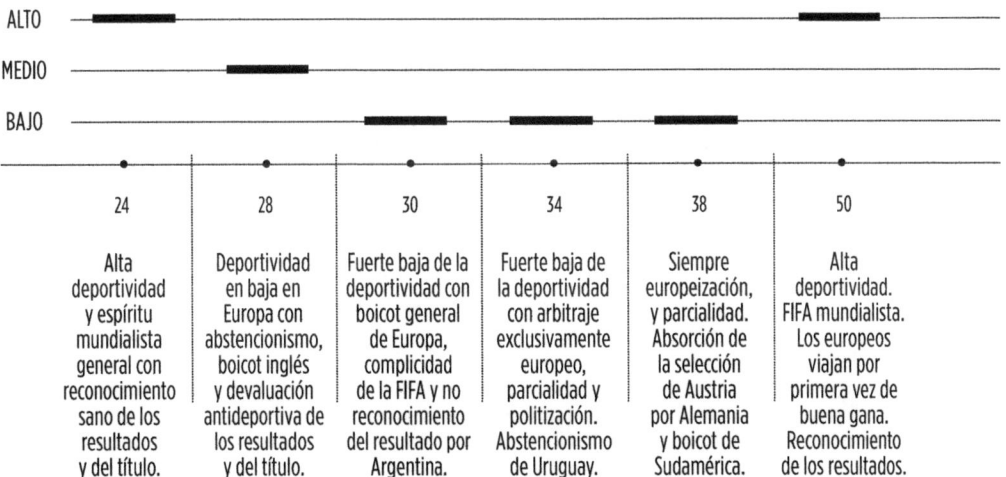

Sin negar la calidad final de los títulos puestos en juego (eso sería el colmo de la antideportividad), es posible establecer gradaciones en materia de deportividad entre los campeonatos mundiales disputados entre 1924 y 1950. Se destacan entonces dos ediciones de alta deportividad: la de París en 1924, la de Brasil en 1950. La baja de la deportividad europea constatada en 1928 preparó el boicot masivo iniciado en 1929 contra el campeonato mundial de Montevideo. Ese desastre condujo a reacciones negativas en cascada hasta la Segunda Guerra Mundial. En 1950 la FIFA se decidió a asumir plenamente su papel mundialista. Los equipos europeos viajaron por primera vez de buena gana y los ingleses ingresaron en la competición suprema.

Palmarés completo (mundial y continental) de los seleccionados de fútbol que ganaron campeonatos mundiales

	Estrellas mundiales	Estrellas continentales
Brasil	★★★★★	★★★★★★★★★ (9)
Uruguay	★★★★	★★★★★★★★★★★★★★★ (15)
Alemania	★★★★	★★★ (3)
Italia	★★★★	★★ (2)
Argentina	★★	★★★★★★★★★★★★★★★ (15)
Francia	★★	★★ (2)
España	★	★★★ (3)
Inglaterra	★	

Esta tabla muestra el palmarés internacional de los equipos que han ganado campeonatos del mundo, contabilizando las estrellas mundiales y las continentales. Estas últimas comienzan a ser utilizadas en Sudamérica, como sucede en África y en Asia, por equipos que no han ganado campeonatos mundiales. Solo ocho países tienen títulos mundiales. Inglaterra no ganó nunca un campeonato continental. El vasto palmarés continental de los equipos sudamericanos refleja la larga historia de una Copa América iniciada tempranamente, en 1916, y el hecho de la poca cantidad de participantes (4 al comienzo; luego generalmente 10; 12 si hay invitados; excepcionalmente 16 para la Copa Centenario en 2016). El Campeonato de Europa pasó de 17 equipos en 1960 a 55 en 2021.

Cronología de las estrellas

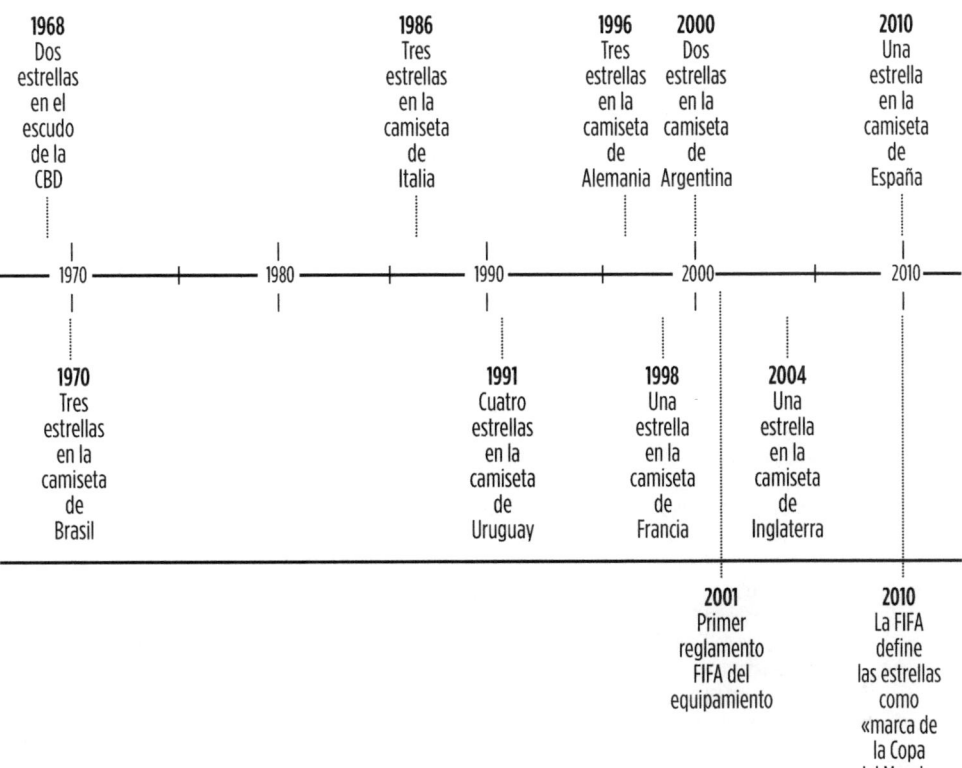

Las estrellas fueron creadas en 1968 por las asociaciones como manera de «marcar» su palmarés mundialista nacional. Con su reglamento del equipamiento publicado mucho más tarde, la FIFA busca apropiarse del invento ajeno y definir esos símbolos nacionales como «marcas de la Copa del Mundo de la FIFA».

Los «errores» de la Football Association inglesa ante el fútbol internacional

1903-1904
La FA inglesa se opone a la creación de la FIFA. Afilia directamente asociaciones de América y de Oceanía. →

1905
La FA inglesa lidera el sabotaje contra el Campeonato de Europa de la FIFA y contribuye a la renuncia de Guérin. →

1906
La FA inglesa toma la presidencia de la FIFA e impone un principio: no se organizará ningún campeonato internacional. →

→ **1908**
La FA inglesa amateuriza el torneo olímpico y lo corta del British Home. Los equipos continentales valdrían menos que Gales o Irlanda. →

1908-1914
La FA inglesa veta todas las iniciativas de desarrollo que proponen las asociaciones continentales en el congreso de la FIFA. →

1914
La FA inglesa impone la famosa resolución de Cristiania y oficializa el hecho que la FIFA solo puede ocuparse de los amateurs. →

→ **1919**
La FA inglesa quiere echar a todos los que jueguen contra los vencidos. Propone crear una nueva federación internacional →

1920
La FA inglesa constata el fracaso de su plan cismático. Decide irse de la FIFA arrastrando a las asociaciones del Reino. →

1924
La FA inglesa vuelve a la FIFA. Se niega a jugar en un torneo olímpico que Rimet reglamenta como abierto. →

→ **1925**
La FA inglesa apoya la acción del Comité Olímpico Británico contra las federaciones, en favor del Código amateur. →

1928
La FA inglesa se va de la FIFA. Fomenta el boicot contra el torneo olímpico que Rimet acaba de profesionalizar. →

1930
La FA inglesa rechaza la invitación que le hace Uruguay para jugar el Mundial de Montevideo sin afiliarse a la FIFA. →

→ **1930-1938**
La FA inglesa expresa por la vía de sus portavoces que el British Home es mejor campeonato del mundo que el de la FIFA.

Rimet dirigente internacional entre 1914 y 1928: positivo y negativo

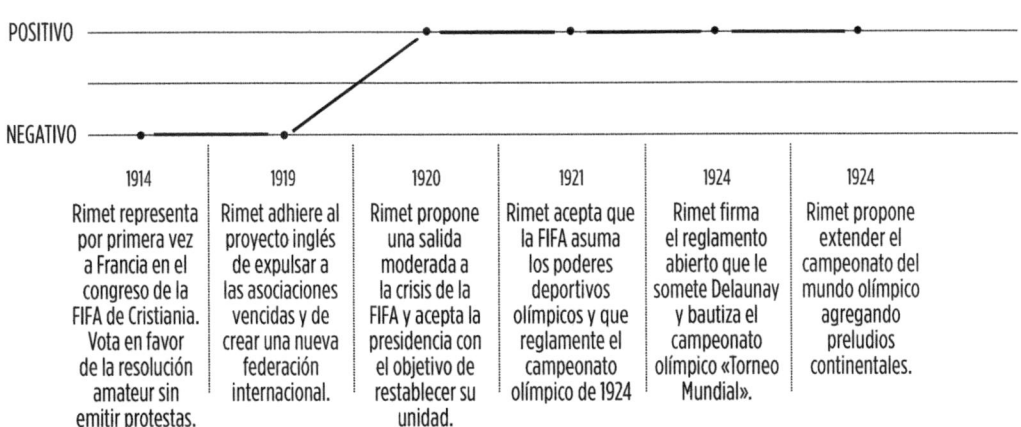

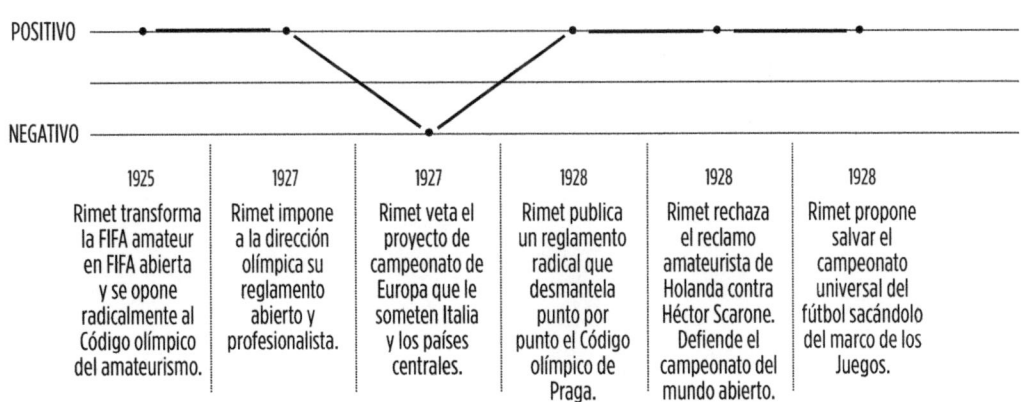